ああ、だから一人はいやなんだ。2

いとうあさこ

幻冬舎文庫

あぁ、だから一人はいやなんだ。2

もくじ

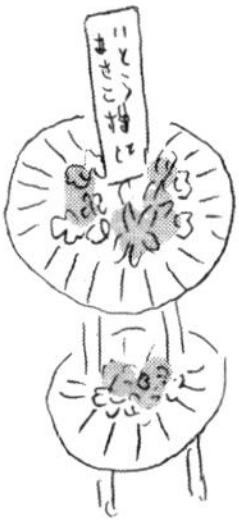

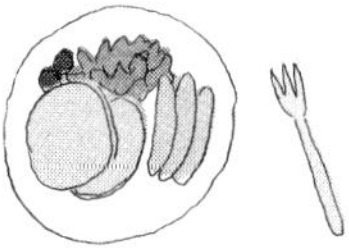

挿画　丹下京子

セブde正月〈前編〉

今年の年越しはフジテレビ。年越して一発目の生放送に出演です。大久保さんも一緒だったので2人で早めにお台場に行って年越しそばを食べようとしたらお蕎麦屋さんはどこも大行列。歩き疲れた私たちは「これも同じ麺だ」と通りすがりのラーメン屋さんで豚骨ラーメンをすすりました。そんな2017年の年越しをしたババア2人でまたまた恒例のお正月旅行に行ってまいりました。今年は3泊4日でセブ島です。

5年前のお正月旅行で行ったバリにて撮ったお揃いビキニ写真。ずいぶんいろんな番組でその写真を使ってお話しさせていただきまくりましてね。となるとですよ。皆さんそろそろ新しいビキニ写真を欲しがっているんじゃない？　と言うことで（この件に関する苦情受付締め切りました）どこか海の綺麗なとこ行こう、と。ただ日にちが3日半しかなかったので近いところで。その結果、セブ島になりました。

出発日、大久保さんは午前中に生放送「ノンストップ！」があったので成田空港に駆け込み予定。空港に早めに着いた私は本屋さんでセブ島のガイドブックを買ったり、旅行グッズ屋さんで海で使えそうな防水の携帯ケースなどを物色。実は私も4日まで仕事だったので、こうして旅行のワクワクモードを上げていきます。更にセブは暖かいので、早々とコートとマフラーをスーツケースの中へ。結果Tシャツと薄手のカーディガンのみ。ああ、寒い。

そうこうしているうちに大久保さん空港到着。すると早速記念すべき旅の一杯目。私はビールで大久保さんはグラスワイン。この乾杯からお正月旅行のスタートです。

セブ島には4時間半で到着。空港に大きく「MABUHAY」の文字が。マブハイ。そう言えば中学生の頃、英語の教科書に「〝マブハイ〟と挨拶をするフィリピンは～」みたいな英文が載っていたような。何故覚えているかと言うと、その頃〝マブハイ〟の音をいたく気に入った私は友達と「2人のあだ名を〝マブ〟と〝ハイ〟にしようよ」というしょうもない提案をしまして。で友達の理子《みちこ》ちゃんが〝マブ〟で、私が〝ハイ〟に。でもね、そんな〝ハイ〟なんて音が浸透するわけもなく。今でも彼女の事は〝マブ〟と呼んでいますが、私は普通に〝あーちゃん〟と呼ばれています。

マブハイ。ようこそ。そんな思い出の言葉に迎えられてフィリピンに初上陸。羽織っていたカーディガンを脱いでTシャツ一枚に。ああ、あったかい。

お迎えはカタコトの日本語を喋る現地スタッフさん。「イトサンネ？　ホテルマデ車デ1ジカン」飛行機で足パンパン＆腰イタタなおばさん2人組は1時間なら大丈夫だね、と車に乗り込む。するとどうでしょう。空港出てすぐまさかの大渋滞。ちょっと進んでは止まり、またちょっと進んでは止まり。何故混んでいるのか聞いてみると「夜ダシネ。来週オマツリモアル。スゴク、トラフィック（渋滞）！」そして車が詰まるたび彼は叫ぶ。「オー！　トラフィック！」。ちなみにこの〝トラフィック〟には旅中ずっと悩まされることになるのですが、それはもうちょっと後のお話。

結局2時間15分かかってホテル到着。だいぶ遅くなってしまったので部屋にも行かず、まずラストオーダーまであとちょっとのレストランに滑り込む。すぐにフィリピン料理とフィリピンビールを注文。遅いからか誰もいなかったので、目の前が海の特等席をゲット。ただただ波の音をBGMに飲むビールの贅沢さよ。体の疲れも消えていくよう。結果いい旅の幕開け。

2日目。目標は「地元のスーパーでビキニを買う」。ホテルのお姉さんに聞くと車で30分の所にある大きなショッピングモールならビキニがあるだろうとのこと。いざタクシーでレッツゴー。すると、すぐですよ。例の〝トラフィック〟。もちろん30分で着くわけもなく、1時間20分かかって到着。いや、いいんですよ。いいんですけどね。もう〝昼夜関係なく、もしかしたら祭りも関係なくセブ島の道、いつも混んでるんじゃね？〟疑惑がババアの脳裏に浮かぶ。誰かピッタリの所要時間教えてください。

そんなこんなで着いたショッピングモールはとにかく広い。理想は〝安っぽい〟かつ〝本当に安い〟〝地元感強い〟ビキニ。さて、見つかるか。店内は日本でも見かける有名ブランド店がずらり。ウロウロすること1時間。やっと地元ブランドのお店を発見。しかも雑貨や子供服など含め凄い品揃え。水着売り場に行くと思わず「これこれ！」と大騒ぎするほど想像通りのビキニたちを発見。試着室の鏡に映ったその姿は、いい感じに熟したワガママボディ2人。うん、これだ。バカみたいに色違いを購入。目的完了。

併設のスーパーもあったので、お土産のドライマンゴーなどを買って。地元のファストフード店では牛肉のブラックペッパー炒め&ご飯&ドリンクで約180円という破格のランチを食す。ショッピングモール大満喫して再びホテルへ。タクシーの運転手さんにどれくらいかかるか聞くと答えは「1 hour」。なるほど、じゃあ1時間半かな。結果は1時間40分。うん、少し〝トラフィック慣れ〟してきた2日目です。

さて、ビキニを買ったということは……そうです。海へ行くのです。大久保さんが千原せいじさんからお勧めされたというカオハガン島という島へ。それが3日目なのですが、これまた珍道中が続くものでね。その続きはまた次回聞いておくんなまし。

〈今日の乾杯〉フィリピンの代表料理のチキンアドボ。ちょっと味濃い目のショウガ焼きみたいな。タレに漬け込んで焼いたものだそうです。これに地元のビール・サンミゲルをガブガブ。それに海風と波のおと。大ご馳走です。

セブde正月〈中編〉

そんなわけで3日目は大久保さんが千原せいじさんから勧められたカオハガン島という島へ行くことになりまして。ただ日本でカオハガン島ツアーを申し込む時、パンフにも全然載っていなくて旅行会社の人にも何度も島名を聞き直されたくらい。「せいじさんはその島の何がいいって？　セブ島より海が綺麗とか？」と大久保さんに聞くと「多分そういう事だと思うよ。とにかくのんびり出来ていいんだって」とのこと。きっと相当綺麗なんだろうなぁ。エメラルドグリーンの輝く海を想像してはジワジワとウキウキでニヤニヤです。

朝5時過ぎに起床。早速前日に買ったビキニを装着。上からジャージを羽織り、最小限のお金と水とタオルを小さなバッグに詰め込み、いざ朝食バイキングへ。6時のオープンと共にレストランに駆け込み、早朝とは思えぬ食欲を見せつける。そうです。ババアは張り切っているんです。

そして6時半にホテルのロビーで集合。お迎えはカタコト日本語の現地スタッフ・マリオさん。とにかくテンションが高い。「ワタシノ名前ハマリオデース！　スーパーマリオ！　ヒャッホウ！」この人について行って大丈夫だろうか。不安レベル1。

まずは車でカオハガン島行きの船の待つ港へ。スケジュール表見ると船の出航時間は9時。ということは港まで2時間か2時間半。でもこっちはセブ島名物〝トラフィック〟で鍛えられてますから。2時間半の車移動なんてお茶の子さいさい。

マリオが一人で喋って一人で笑う、そんなトークを繰り返しているとあっという間に港に到着。時計を見ると7時40分。あれ? 早くない? 着いた港は観光地と言うより地元の普段使いの港という感じ。マリオは「チョト待ッテテ」と車を降りてたくさん泊まっている船の人たちと何か大声で話している。

しばらくしてマリオが呼びにきたので車を降りたけれど、観光客らしき人は全然いない。地元の人たちがいろいろ売り買いをしている。そこに2頭の小ヤギが。「海にヤギ!? 何故? でも、かわいいね」と写真を撮っているとマリオがスッと横に来て「1頭3000ペソ。」ん? 「大キクナッタラ食ベル。スゴク美味シイ。ケド他ノ肉ヨリ高イノヨ。」ねえ、ここから本当にリゾートアイランド行きの船出る? 不安レベル2。

待てど暮らせど船は来ず。マリオはまだずっといろんな船の人と話している。本当にカオハガン島に連れて行ってもらえるのか? 違うところに連れて行かれちゃうんじゃないか? でも45歳と46歳売り飛ばしたところで、ねえ。不安レベル3。

結局30分経っても船が来ない。するとマリオが私たちに近づいてきて一言。「船ノ電話番号ワカル？」確かツアーの資料に一つ電話番号が書いてあったけど。その紙をマリオに見せる。「これ？」するとマリオ。「ア、コレ僕ノ番号。」うん、だよね。だってマリオの会社のツアーなんだもの。しばらくあちこちに電話をしまくるマリオ。すると何か分かったのか笑っている。その電話を切るとこっちに走ってきてニコニコしながらこう言った。「船9時ダッテ」うん、知ってるよ。じゃあ6時半出発、早すぎない？「ジャア僕、朝ゴハンマダダカラ食ベテキテイイ？」どうぞどうぞ。「一緒行ク？」ああ、マリオ、なんて自由。さて、車でもう一寝入り。

そんなこんなでやっと9時に。「船アレネ。ジャア夕方3時ニ島出テキテ。ココデ待ッテマス。」え？　マリオ来ないの？　しかもマリオが指さした船は数人乗ったらいっぱいの小さな船。現地の若い船乗りさんがこっち見て手招きをしている。ああ、不安レベル4。

マリオに手を振りいざ出航。船員さんが数ある島の一つを指さす。「カオハガン？」と聞くとうなずく。熱海—初島間くらいの距離かなぁ。島はハッキリ見えている。思ったより近い。

ただ出航してすぐ不安レベル5になる事件が。なんとさっき指さした島とまったく違う方向に船が進むじゃあ〜りませんか。ＷＨＹ？　理由を聞くと何やらカオハガン島の周りが遠浅で遠回りしないと島に近づけないとのこと。それにしても遠回りすぎやしないかい？　進んでる前には一つも島ないよ？　港からあんなにはっきり見えていた島は逆に遠ざかって小さくなる。30分経っても40分経っても島に近づかない。やっぱりババア2人、どこかに売られていくのね。

不安と哀しみで心がいっぱいになった頃、大久保さんが遠い海を指さして「あー！」と。なんとイルカの群れが目の前に。ああ、すごい。夢中で写真を撮っていたら船員さんが「撮ろうか？」のジェスチャー。カメラを渡すと「OK？」OK！「イチ、ニ、サンゴ礁！」え？　何そのかけ声？　そして急な日本語。そしてそのセンス。逆に、いい。

そんな一言であっという間に距離が縮まりまして。〝サンゴ礁〟君とお互いカタコト英語で会話。どうしてそんな日本語知っていたのか聞くと、何やら奥様が日本人でカオハガン島で一緒に暮らしているそうで。ヨーコさんと言うとてもビューティフルな人らしい。

結局1時間くらいして島が目の前に。よし！　泳ぐぞ！……あれ？　海岸近くまで普通にお家がギューギューに建っているよ。島民の方々が外で料理したり、バケツで洗濯したり。子供たちは走って遊んでいる。あれ？　全然、リゾートアイランド、じゃない。ああ、不安レベルMAX。

ってあらやだ。島に上陸する前にお時間が来てしまいました。ババアの小さいけどいろいろあった旅のお話、あと一回だけお付き合いくださいませ。

〈今日の乾杯〉たまには朝食から。セブのホテルのバイキングでオムレツを頼むと、まさかのケチャップアート。最後までこれがカワイイのか、カワイクないのか答え出ず。でも笑顔になりました。フレッシュなスイカジュースで乾杯。

セブde正月〈後編〉

もう節分もバレンタインも終わったこの時期に、まだ正月話とはなんたるや。とうとうラストなのでご勘弁。

そんなこんなで到着したカオハガン島。いや、こっちも悪いですよ。下調べゼロで向かったんですから。でもこの辺りの海の綺麗さは有名でアイランドホッピングと称して、たくさん浮かぶ島から島へダイビングしたりのんびりしたりしながら回るツアーもある位。そんな素敵な島々の中からお勧めされたカオハガン島ですから。そりゃ超リゾートアイランドだと思って行きましたよ、こっちは。それが近づいてくる島の風景はリゾートとは程遠い、普通に島民がいて普通に生活をしている島なんですから。

そうなってくるとですよ。この島が本当にカオハガン島なのかも疑わしい。しかもツアー客は私と大久保さんの2人だけなので確認もできない。

おびえながら島に上陸すると走り回っていた子供たちが一斉にこっちを見る。〝イチ、ニ、サンゴ礁〟でおなじみサンゴ礁君はさっきまで笑って喋っていたのに、無表情で住居の間の狭い道をすり抜け私たちを奥へいざなう。広場のようなところでは若い男たちが集まって大音量で音楽かけながら何かしている。よく見ると豚を3頭さばき中。男たちもチラッとこっちを見る。ああ、さよなら、日本。きっともう戻ることはないのね。

しばらくすると急にサンゴ礁君が遠くを指さして「オモヤ」と。オモヤ？　あ、母屋？確かにちょっと大きめの〝母屋っぽい〟平屋が見えてきた。近づくと綺麗な日本人女性が「ようこそカオハガン島へ！」あ、本当にカオハガン島だった。ホッ。そしてもしやサンゴ礁君の奥様のヨーコさん？　「はい」ホントにビューティフル。「でも本当はユウコなんです。こっちの人は〝ユ〟が発音できなくて。主人にもずっとヨーコと呼ばれています」

ユウコさんによるとここは約25年前に日本人の崎山さんという方が買った島で。島を買うとだいたいは元々住んでいる人たちを追い出してリゾート開発するけれど、崎山さんは住んでいた人たちをそのままに、オモヤや各所に宿泊できるお部屋を作って観光客を受け入れているとのこと。

まずは島の探索から。さっきは恐怖で直視できなかった風景も、安心したら全然違って見えてきます。すれ違う島の方にも「こんにちは！」なんてまさかの日本語で挨拶しちゃったりして。

小さな作業場があってお土産にもなる木製のお箸やお皿を作っていたり、カラフルな布を縫い合わせたカオハガンキルトが売られていたり。「Honesty is Best Policy」の校訓を掲げた小学校もあるし、図書館みたいなところには島の子供が集まっている。お菓子などを売っている小さな商店もいくつかあって。そして先ほどの広場へ。どうやら今日は島一番のお金持ちの娘さんの結婚式で。そのパーティの準備で豚をしめていたんだそう。「血も含め一切捨てるトコないんですよ」とお姉さん。「心臓はさばいた人だけが食べられるんですよ。」正直この手の話は苦手な方なのですが、何故だかまったくイヤな感じがしない。なんだかすごく自然で。「生きている」感じがする。

結婚式は午後から島の教会で。教会を見に行くと大きな檻に屋根と小さな十字架が乗っている感じ。檻というか柵というか。とにかく壁がない。その分、島に吹き込む優しい風が通り抜ける感じがもう〝気のよさ〟しかない。

あっという間に島一周。昼食までまだ時間があったので、一番の目的である「ビキニ写真撮影」を遂行。羽織っていたジャージを脱ぎ捨て、セクシービキニで海へＧＯ！〝降り注ぐ太陽〟〝エメラルドグリーンの海〟……じゃない。〝見渡す限りの曇天〟〝果てしなく続く遠浅〟だ。しかもただの遠浅じゃない。水深1センチの海（？）が1㎞近く続くという本気の遠浅。曇天の超引き潮ってどれだけ運がないのよ。しかも1センチ水があることでビーサンがくっついてしまい歩けない。1歩進んでは後ろ足を引っこ抜いて前へ。また逆の後ろ足を引っこ抜いてもう1歩。その様子はまさにシン・ゴジラの第二形態。10歩くらい頑張った時かな。どちらからともなく「戻ろうか。」シン・ババア、あっという間に、陸地戻る。途中ウニを踏んで足の裏に3つ穴あけながら。そしてその疲れた状態で写真をパチリ。もう写真からは哀しみしか感じられない。

そうこうしている間にランチタイム。島主の崎山さんもいらして、ユウコさんたちとフィリピンランチ。こちらは基本米食で、おかずに肉と野菜の炒め物やイカ焼きなど。味つけは少し濃い目だけどどこか日本に似ていてすごく美味しい。フィリピンビールもいただきながら1時間くらいかな。島のお話をいろいろ伺いました。

昔は自給自足でお金の文化はなく。とにかく海の幸が豊富だし、お肉は豚を育て。足りていない野菜は近くの野菜作りに適した島で魚と物々交換したりして補っていた。小学校も以前はなかった、と。でもその頃の子供たちは〝勉強で得る知識〟はなかったけど、〝生きる為に必要なこと〟はすべて15歳までに教わったんだそう。それと結婚式以外にもう一つ盛大に祝う事があるそうで。それは、1歳の誕生日。何故ならそれだけ〝1歳まで生きる〟ことが大変でありスゴイ事なのだと。

全てが衝撃でした。こんなにも〝生きる〟ということに向き合い、そしてちゃんと〝生きている〟。

船で沖に出てちょっと泳いだり、結婚式関係ないのに参列したりしているうちにセブ島に戻る時間が。帰り際、日本の高校の先生が下見に来ていました。修学旅行でカオハガン島が候補になっているそう。「絶対いいと思います」と太鼓判押してきました。若いうちにこの島に来たらどんな思いが生まれるんだろう。

思っていた旅とは全然違ったけれど、他では体験できないことや感じられないことばかりで。崎山さんはカオハガン島のことを「何もなくて豊かな島」とおっしゃっていました。まさに、です。本当に行ってよかった。

その後も「セブの港で待つマリオが朝と違う色の服を着ていてしばらくわからなかった」事件や「翌朝4時半出発で空港に向かったのに謎のマラソン大会をやっていてやっぱり〝トラフィック〟だった」事件、「長蛇の列の出国審査で急にお腹が痛くなりあとちょっとの所で列から抜けトイレに駆け込んだ」事件などありましたが、120%満足の旅でした。何故なら今年の私の目標「生きる」を再確認できたから。ああ、また行きたいなぁ。

〈今日の乾杯〉たまにはホントの乾杯シーンを。セブ旅最後の乾杯は、静かな波音を聞きながら。豊かにもほどがある。そんな時間でした。

とのまわり

山田ジャパン。私が２００８年から所属している劇団でございます。その本公演「とのまわり」をこのたび新しく出来た劇場・アトリエファンファーレ東新宿のこけら落とし公演としてさせていただきました。

タイトルの「とのまわり」。これは例えば生と死。親と子。夫と妻。罪と罰。愛と、時間と、などなど。大切なことはすべて「と」のまわりで起こっている、という。関わりの数だけいい事もあれば悲劇も起こる。そんなお話です。

舞台は病院。私の役は入院中の菊池加奈子という女性。余命宣告を受けると、旦那さんと子供３人に行き先も告げず家を出てきちゃうんです。すごく仲の良い家族だったのに。「残りの人生は好きに生きさせて」と出ていって何をするかと言うと同じ病院に入院している、そして同じく余命宣告された男性とイチャイチャ。そうです、〝彼氏〟を作ったのです。

メチャクチャですよね。残された家族もお母さんの最期を看取りたいのに、急にいなくなって。やっと見つけたら知らないおじさんとイチャイチャしているなんてたまったもんじゃない。

でもね、加奈子は別に単なる破天荒母さんなわけじゃないんですよ。まぁ破天荒は破天荒か。ただちゃんと理由があって。自分と関わる〝と〟が多ければ多いほど、その分失う数も大きさも増えるわけで。大切な家族を失う怖さと戦いながら残りを生きるくらいなら全部捨てた方が楽、と全部捨ててみたものの、それはそれで苦しかったりして。究極に不器用な人です、加奈子さん。

あ、ちなみにこれ、コメディです。うちコメディ劇団なもので、ええ。医療モノなのに一回も医療用語が出てこないですしね。常にどこかふざけていますし。でもその方が逆に胸にくることもあったりなかったり。ああ、人間、万歳。

そんな公演中、いくつか小さな事件がありまして。「とのまわり」ならぬ「公演のまわり」のプチ事件簿。ちょいとメモっておきやしょう。

まず「裏でセットに激突」事件。もう年ですよねぇ。距離がわからないんですよ。セットの裏はベース真っ暗だけど蓄光テープと言うその字の通り光を蓄えて暗闇でも光るテープがありまして。それが角だの出っ張っているところだのに〝ぶつからないように〟貼ってあるんですよ。それにね、ぶつかったんですね、私。見えてたんですよ、蓄光。だから避けたんです。避けたはずなんですけど。もうホント距離感がバカになってるんですね。右足のいわゆる弁慶の泣き所と言われるアソコを裏の壁の角にズザッ。そう、ズザッって感じ。見てみるとスネに小高い丘が。え？　たんこぶ？　スネに、たんこぶ？　一瞬で真っ青なたんこぶ痣がボコッ。実は昔松屋でバイト中、夜中排水溝の掃除をしていたらまんまと足を滑らせて溝に落ちまして。その時も強くスネを打ち付けてへこんじゃってるんですよねぇ。そのスネ、同じ右足。どうも、〝へこんで膨らんで〟のデッコボコ右足を持つ女、いとうあさこです。

そしてこれも加齢が引き起こした事件かも。「酒やめたのに全然痩せない」事件。今回舞台前&公演中は喉の為にお酒をやめたんですね。で、よく聞くじゃないですか。お酒やめたらすぐ痩せるよね、って話。私今回かれこれ1か月近くお酒飲まなかったんですよ。でもね、痩せなかった。まったく。ま、確かに舞台はパワー使いますし。ガッツリ食べることもありました。劇場の目の前がすき家でね。私今まで生きてきてその動線上にすき家がなかったものので。はしゃいで何度か食べましたよ、牛丼&すき焼き丼。でもだいたい朝ご飯で、だしね。というか朝から牛丼いく46歳。元気だ、私。自分で自分を褒《ほ》めてあげたい。とにもかくにも稽古でそんなカロリーあっという間に消費しちゃうし、そもそも総合すると時間もないのでいつもより食べる量もかなり減るし。それで晩酌もしないのにまったく痩せない、ということは、やはり見えないコブに栄養を貯め込んでいるのかも。以前にも書いた私の前世・ラクダ説、うん、確定。

そして衝撃の事件。「花泥棒」事件。劇場の前にいろんな方から頂戴したお花を飾ってあるのですが、それが日々どんどん抜かれていくという。っていうかこれ、ある意味ホントの事件ですよね。どこかの地域で新装開店のお花を抜いていく、と言うのは聞いたことあるんですよ。なんかその方が縁起がいいというか。抜かない方が失礼くらいの勢いで。でもね、ここ、東京ですし。お花持ってくなんて見たことないですし。メンバーが何度も現行犯目撃しているのですが、それがこぞっておばちゃんの集団。注意すると「え〜？　ダメなの〜？」ええ、ダメなのよ。「いとう様江」って書いてあるでしょ。まあおばちゃんがいとうさんだったら仕方ないけど。おかげ様でステキなお花がどんどんやせ細っていって。しかもこういう時に限って公演期間がちょっと長いもんでね。最後悲しい感じになってしまい。花泥棒に悪人はいない、と聞いたことありますが、いやこれやっぱり悪い人じゃない？

そんなこんなもありながら山田ジャパン公演「とのまわり」。無事に終了いたしました。観ていただいた方もそうでない方も感謝です。本当にありがとうございました。

〈今日の乾杯〉酒の時、〆はいかない人なんですけどね。ついつい勧められて一口ドライカレー。小さなお皿にちょっとのったコイツの深さよ。まさかの山椒が効いてやがる。やべぇ、これで酒、飲める。

名前

このたび伊藤ハム「朝のフレッシュ」のCMに出していただくことになりまして。朝のハムなんて〝爽やかさ〟が大切であろうCMに何故わたくしなんぞが選ばれたのか？　若くて綺麗でみずみずしい女性の方がいいのではないだろうか？　そうか、これドッキリか。

私がよくやるネガティブ三段論法。でもね、ホントに私だったんですよ。ちゃんと朝から晩までCM撮影しましたね。そこに偉い方々いっぱいいらっしゃって。終わったら綺麗な花束もらっちゃったりして。さすがにドッキリじゃないな、と。

CMで流れる曲も聖子ちゃんの『夏の扉』。商品名が「朝のフレッシュ」ということで……世代の方はわかりますよね？　歌詞の♪フレッシュ　フレッシュ　フレ〜ッシュ！　とリンクしているのです。だから現場ではそのサビの部分が繰り返し流れましてね。46歳、〝はしゃぎ〟が止まりませんでした。そんなこんなでこちらのCMは3月17日から流れますです。是非ご覧になっておくんなまし。

さて、それで何故わたくしを選んでいただいたのか、ということですが。その理由を聞いてこれまたびっくり玉手箱。その決め手はなんと名前だったんです。そう、私の名前。伊藤ハムの「朝のフレッシュ」↓伊藤ハムの朝↓伊藤、朝↓いとうあさこ。そういうことだったんです。すごくないですか？　これ。

ちなみに実は伊藤ハムと伊藤家にはもう一つ名前エピソードがありまして。妹の名前は〝晴子《はるこ》〟と申しまして。生まれた時は最初〝安子《やすこ》〟が候補だったそうなのですが「アンコ！」とからかわれたら可哀想、という事でいろいろ考えた結果〝晴子〟になったのですが、小学生の頃かな。伊藤ハム「パルキー」が出てきたもんでね。結局「伊藤ハムのパルキー！」としっかりいじられるという。その姉が40年近く経って、同じく名前のご縁で伊藤ハム「朝のフレッシュ」のCMをやらせていただくなんて。長い年月かけて姉妹でお世話になりました。

名前と言えば先日ネットニュースを見ていたら「日本で一番モテる女性の名前は？」という記事を見つけまして。これは名字と名前を別々に世の男性に統計をとったようなのですが、まず名字。まあ日本人に多い名前が確率的に必然有利になるとは思いますが。〝鈴木〟と〝佐々木〟が同率第2位。このフリ、察しのいい方は薄々お気づきかもしれませんが、まさかの〝伊藤〟が第1位。たしかに〝伊藤〟も日本で5番目に多い名字ではありますが、もっと多い〝佐藤〟〝田中〟〝高橋〟を差し置いての第1位ですから。うしし、でございます。

そして名前。こちらは〝好きになった女子の名前に使われていた漢字〟で多かったもの、と言うことで3位が〝恵〟、2位〝美〟、そしてそして第1位はダントツで〝子〟。もうこれも数の多さの勝利、というのもありますけどね。

というわけで一番モテる女子の名前は「伊藤●子」と言うことになったのです。そうなんです。私なんです。しかもその記事の最後に「芸能人で言うと芸人のいとうあさこさんとかですかね」みたいなこと書かれまして。おかげさまで日本中に笑われる、と言う。マネージャーまでが「あさこさん、記事出ていたの見ました？」と笑いながら聞いてくるくらいでしたよ。この場をお借りして、ちゃんとこの説の実例にならなかったこと、お詫び申し上げます。

でもね、やっぱり〝子〟がつく名前より「雪乃」とか「香」とかの方が響きが可憐で綺麗な感じがしちゃいます。実際ドラマとか漫画とかのカワイ子ちゃんの名前に「麻子」ってなかなかいないんですよね。それどころかたまたまかもしれませんが「麻子」をドラマで見かける時は、だいたい2時間ドラマで殺されたり、不倫の末死んじゃう人とか。唯一よかった「麻子」はあのW浅野でおなじみのトレンディドラマ『抱きしめたい！』の浅野温子さんの役名「池内麻子」くらいです（注：これはあくまで個人的見解ということで）。

しかも「伊藤麻子」は本当によくある名前で。ネットで調べるといろんな「伊藤麻子」が出てきます。アナウンサー、銀行員、建築家、フルート奏者、AV女優などなど。だから昔は人と違う名前に憧れました。「子」のつく名前が多かった中で、「美保」「眞由」「桜」「奈美」「京《みやこ》」「紅葉《くれは》」などなど。「子」じゃない名前の同級生たちを羨望のまなざしで見ていました。しかもその人達がまたちゃんとかわい子ちゃんだったもので余計にね。

〝将来子供につけたい名前〟をみんなで話している時も私は「裳階《もこし》」（本来の屋根の下にもう一重かける屋根のこと）か「ぽぽんた」（〝たんぽぽ〟を逆に言ったら可愛くな〜い？　みたいな）と。どこかで「AB型って変わってるよね」説を保とうとしていた感もありますが。少女麻子は唯一無二の名前に憧れていたのです。

でも今回いとうあさこだったからCMのお話いただけたし、実情とは合っていないけど一応日本で一番モテる女子の名前に選ばれました。結果いい名前です、はい。お父さん、お母さん。伊藤麻子と名付けてくれて、ありがとう。

〈今日の乾杯〉要はカニクリームコロッケの中身、です。それが柚子の器に入ってるので香りもよくて。かなり濃厚なのでちょっとずつペロペロでも、熱燗ガブガブになるのです。

イライラ

年を重ねていくとどんどん穏やかになってくる。私は人からそう聞いていたのですが。どうやら私はその逆のようで。数年前浅倉南ちゃんの格好をして「イライラする！」なんて言いながらリボンを振り回したりしておりましたが、もうそんな笑いながら言っているイライラではなく本気のヤツが出てきました。

実は今、大阪の仕事に向かうべく新幹線の中で書いているのですが、もれなくイライラ中。しかも乗った途端のイライラ。いつものように品川駅で乗り込みまして。贅沢にもグリーン車。「大好きな富士山見える側の窓側のD席。お天気もいいし。うふふ。嬉しいなぁ」乗り込む時はこんな感じ。どっちかって言うとご機嫌な位。今日から地方に2連泊ということでちょいと多めの荷物。小さめのキャリーバッグにおっきめのトート。片手には新幹線乗り込む前に必ず買うアイスコーヒー。えっちらおっちら自分の座席へ向かうとなんてことでしょう。前の席のカップルが席を全倒ししていて入れない。通路側の彼は外国の方で何やら携帯で野球のゲームをやりながら「オウ！」とか「ワオ！」とか言っている。そして窓側の彼女さんはメイクが強めなので確信はないですがおそらく日本人で。「ウフフ」言いながら寄り添ってゲーム画面を見ている。

いや、いいのよ。後ろ誰もいなかったんだから。椅子だって別に最大まで倒していいと思いますよ。どれくらい倒そうが、その人の自由ですもの。でもぉ。でもね。２席全倒ししちゃうともう狭くて入りにくいんですよ。駅に停まって、人が乗り込んできて、後ろに人の気配感じたらさぁ。ちょっとでいいから「すいません」なんて言いながら椅子を戻してくれたらさぁ。こっちだって「すいません」返ししてさぁ。椅子に座ったら「ありがとうございました。席よかったらまた倒してくださいい」なんて声かけちゃったりしてさぁ。「いえいえ、大丈夫です。お気遣いどうも」なんて。ああ、いい日本の風景。

もちろんここまでとは言わないですが、あからさまに通路で困っているのに「ウフン」じゃないよ。って「すいません。ちょっとだけ席戻していただけますか？」ってこっちが声をかければいいのですが、変なところで臆してしまい。何語で話しかければいいかもわからないし。そこで私が出した手段。強めのため息をつく。ハアッ！……無反応。失敗。

まず後ろから来ている皆様をお通ししたら、精一杯手を伸ばして持っていたアイスコーヒーを窓のところに置こうとしてみましたが、届かないどころか肩にかけていたバッグがズルッと落ちて手首のとこガーン。アイスコーヒー、ピシャーン。オロオロオロオロオロ。

ま、これは横着した私が悪い。まず鞄を床に置き、跳ねたコーヒーを拭く。座席前にあるテーブルを出し、アイスコーヒーを置く。キャリーバッグを網棚のところによっこらせ。床のバッグも椅子の上に置いて、よし。いざ、座らん。反り返りながらまず通路側のC席のところに侵入。こういう時、リンボーダンスが得意だったことを思い出す。私の腹筋、万歳。お次は我が席・D席へ。ん？　あれ？　あ、入れない。そりゃそうだ。テーブル出しちゃってるから。前が椅子フルで倒してる時、テーブルはもう席の方まで飛び出すから。

というわけで反り返りキープでまずテーブルの上のアイスコーヒーを窓のところに移動。そしてテーブルをしまって椅子に着席。しまった。大きいバッグを置いていた。尻を浮かせて後ろ手でバッグを引き抜く。大きくて重いから、うっかり腕の付け根に激痛が走る。あさこ、負けない。

そんなこんなでなんとか席に着くことが出来まして。「すったもんだがありました」なんて缶チューハイCMの宮沢りえちゃんの台詞を頭の中でつぶやきながら、さて。ゆっくり原稿でも書きますか。再び前のテーブルを出して、パソコン置いて開く。それでは、と……あれ？　近い。パソコンが近すぎて打ちにくい。そうだ。そういえばさっきテーブルが座席までせり出していたのを見てたっけ。

ああ、もう、ダメだ。ちょうど来た切符拝見のお姉さんを呼び止め、ほとんど口パクの小さな声で「どこか他の席空いていませんか？」こちらを見たお姉さん。そこには前のテーブルと座席に挟まれ、すがるような目と悲しい顔をしたおばさんが一人。すぐに状況を察してくれて「すぐ調べてきますね」ああ、神さま仏さま。すぐお姉さんが戻ってきて「あちらの席でよろしかったら」早速さっきの逆再生。パソコンしまって、テーブル戻して、アイスコーヒー持って、横リンボーで通路まで退避。他の荷物も持って即移動。富士山の逆側A席でしたが、広がる海や熱海城、秘宝館も見えたし。ああ、広いって、素敵。そんなこんなで穏やかあさこさんに戻り、今原稿を書いております。

いつ顔を出すかわからないイライラ。ニッコリあさこさんとイライラあさこさん。そう、まさに、ヤヌスの鏡。今夜の私は血が燃え滾《たぎ》ってるんだ。私に触るとやけどするよ！　皆さん、ご注意を。

〈今日の乾杯〉ホタルイカとセリのアヒージョ。スペインバルに入ってすぐ、目の前の黒板に書いてあった季節のメニューから発見。油を通したセリの苦味と旨味よ。ああ、ビールがもうどうにも止まらない。

閉店ガラガラ

見てお分かりの方も多々いらっしゃると思いますが、ホントに私は女子力が欠落しておりまして。正直、我も強いし、自分のこともなんだかんだ言ってキライじゃないんですよ。でもこと自分の中の〝女子〟の事になるとビックリするくらい自信がないというか。「努力しないから自信が持てないんだよ」と反省する日もあれば、「努力したところで、ねえ？」と開き直る日もあり。要するに〝女子〟の根っこが腐っているんです、私。

だから洋服一つ買いに行くのも怖い。「私が行ったらお店の人が舌打ちするんじゃないか」とか。「あれ？　若者たちが『ババアがお店に入って来た』ってジロジロ見てない？」とか。完全な被害妄想ですが、なんか、ね。

ただそんな私にも変化が。数年前キョンキョン様が主演の「最後から二番目の恋」というドラマがありまして。キョンキョン演じる40半ば過ぎて独身の敏腕プロデューサー・吉野千明がストレス溜まると洋服買いに行くんですよ。しかもカードでバンバン買っちゃう。それがなんかすごくかっこよくて。「ああ、私もどこかで洋服を買ってみたい！」今まで超がつくほどファッションに無頓着だったあさこ女史が目覚めた瞬間です。

私は考えました。いつも番組で着ている衣装のお店なら〝ウソでも〟笑って迎えてくれるのではないか、と。早速スタイリストちゃんに聞いてみました。するとよくお借りする衣装のお店がほぼ入っているのが渋谷PARCOだ、と。え？　し、し、渋谷PARCO!?　それって若者のビルジングなのでは!?　入った途端ババア狩りに遭うんじゃないか!?　スタイリストちゃんは優しい笑顔でこう言ってくれました。「大丈夫ですよ。」

でも私の不安は消えず。するとその数日後、スタイリストちゃんが渋谷PARCOのフロアガイドを持ってきてくれて。「いいですか？　この入り口から入ってすぐにエレベーターがあります。それで4階まで行って……」地図に私の歩くべき最短ルートをペンで描き込み教えてくれたのです。ありがたやありがたや。

こうして通い始めたPARCO。行ってみれば狩られることもなく（当たり前なのですが）、店員さんに舌打ちするような人がいないことも分かり（これまた当たり前ですが）、少しずつ渋谷PARCOに慣れてきた昨年の夏。まさかの改装工事の為、閉館。何年も先まで、閉館。となるとですよ。私はもう翼のへし折られたエンジェル。「続・洋服が買えない」スタートです。更にそのよく行っていたお店たちの路面店が代官山に集まっていることがわかり、そっちも何度か勇気出して行っていたのですが、これまた次々に移転。にっちもさっちもどうにもブルドッグ、です。

そんなこんなで洋服を買いに行くことを諦めた私はこの冬、前から持っていたトレーナー4枚を着回すという暴挙に。どんどん弱っていくトレーナーたちといっつも同じGパンで冬を越しました。「今日のファッションのコンセプトは浪人生です」と言うと、皆さんから大笑いと「確かに」の声。って今の浪人生さんは普通にオシャレでしょうけども。

そのPARCOの閉店は他にも影響ありまして。実はPARCOの向かいにあったマッサージ屋さんによく行っていたのですが、その際は必ずPARCOの駐車場に車を停めておりました。と言うのもPARCOにちょっとだけ慣れはしましたが、そこはやっぱりババア。渋谷を歩き回るほどの度胸はないんですよ。だからPARCOに車を停めて、サッと向かいのマッサージに行って、サッと戻って洋服を買って帰る。これがよかったんです。なのでPARCOの閉店と共に必然マッサージ屋さんには行かなくなり。そのマッサージ屋さんの新宿店にもよく行っていたのですが、そちらもこのタイミングでの閉店。そんなバナナ。

しかも。しかもですよ。まさかの行きつけの美容室の美容師さんも辞めちゃったんです。私、近所の美容室に行っていたんですよ。もちろん美容室も緊張する私。広いお店だと必然店員さんも多く、あの100%の「いらっしゃいませ！」に全部答えるかと思うと心が負けちゃうので、地元で一番小さいお店をネットで検索。いざ行ってみると担当の美容師さんは〝絶対女子がよい〟派の私なのですが、男性の方。でも喋ってみるとお酒好き（ここがポイント）の穏やかな方で。私がファッション誌を読まず、食べ物系か旅系の雑誌しか読まないことも気づいてくださり。2回目からは最初からそういう雑誌を置いてくださる心配り。あっという間に打ち解け、何度も通うようになりました。

ただ回数は少ないです。何故なら私はいつも収録後、メイクを落とし、髪をほどく。その時〝落ち武者感〟が出てきたら髪を切りに行く、という流れでして。それがだいたい2年に3回位のペースになるかな。ある日また〝落ち武者感〟が出て来たので、美容室に電話するとあの心配りBOYは九州の実家に帰ってしまったとのこと。えー！　急じゃない？　いや、きっと小まめに通っていたらそんなお知らせも聞けたでしょうに。ただ私、2年に3回だから。下手したら2年に2回だから。知らぬ間のお別れです。

全然〝女子力〟とまでは言えませんが、私が私に施していたほんのちょっとの〝女子〟である〝洋服を買う〟〝マッサージに行く〟〝髪を切る〟の3つの事。そのたった3つだけの事なのに、そのお店たちが同時期に次々に閉まるということの奇跡。同じ服を着て髪も落ち武者。そして体もクッタクタの今。ああ。私が再び〝開店ガラガラ〟する日は、いつかまたやって来るのでしょうか。

〈今日の乾杯〉春うらら。筍のステーキです。バターがきいてて最高。上にドライトマトが刻んで添えられている。旨味プラス。もう生ビールが止まらない。

いとこ会〈前編〉

私にはいとこが11人います。母方のいとこ。父方は父だけなのでウチの家族のみなのですが、母は5人兄妹なので必然いとこがいっぱいに。ちなみにかあちゃん兄妹は上からおじちゃん2人に三姉妹。かいこおばちゃん、じゃちこおば、そしてうちの母。母が末っ子なんです。それもあって総勢12人のいとこ軍団の中で、私と年子の妹が最年少。最近どこ行っても最年長になりがちなワタクシも、このいとこの中に入ったらあっと言う間に末っ子顔させていただきますよ。もうすぐ47歳が醸し出す妹感。えっと、なんかスイマセン。

いやね、この12人。小さい頃、ホントによく遊んだんですよ。お正月や夏休み・春休みになると祖父が何かと集合をかけてくれまして。みんなで海やプールに行って泳いだり。祖父の家の裏にあった山に登ってみたり。お餅つきもしました。暮れには普通の白いお餅で、春になると山で摘んできたヨモギを入れた草餅をついて。潮干狩りにも連れて行ってもらったなぁ。誰かが砂の中に大量のアサリを入れたんじゃないかと思うほど、掘っても掘ってもとめどなく出てくるアサリたち。大きい桶（もしかしたら自分が小さくて桶が大きく見えたのかもですが）いっぱいにして帰りました。それから数日間は自宅の玄関にそのアサリの桶が大小いくつも置いてあった気がします。

そんな思い出の数々が、ちょっと話し出しただけで溢れてくるいとこたち。実は先日の天気のよい日曜日。ちょうど祖父の命日だったその日に、このいとこ12人が十何年ぶり、いや、もしかしたら数十年ぶりに全員集合いたしまして。とにかくお酒を飲み倒した素敵な会「第一回いとこ会」が開催されました。

そのお話の前にせっかくなのでこのいとこの面々を〝呼び名スタイル〟ですがご紹介させていただいちゃおうかな。ちょいと身内の話で申し訳ないですが、少々お付き合いくださりませませ。

一番上は「あっちゃん」。かいこおばちゃんちの三兄弟の長男。とにかく頭がいい。ちょっと早口のあっちゃん。理路整然と、そしてワーッと喋るから、もしそれがそうじゃないことでも最終的にそう思えてしまうんじゃないか、と思うくらい説得力があるというか。声はこの上なく優しいトーンなのよ。でもなんだか喋りが強い。不思議な人です。

お次は「りょうぺいちゃん」。上のおじちゃんとこの長男。〝優しい〟で出来ているような人。穏やかでおおらかで大きくて。安心感ある〝お父さん〟みたいな人です。

「ようこちゃん」。りょうぺいちゃんの妹であり、女子メンバーの最年長。りょうぺいちゃんが〝お父さん〟ならこちらは〝お母さん〟。ギャーギャー騒ぐ大量の年下いとこ達を包み込むように面倒みまくってくれていました。

そして「もーちゃん」。あっちゃんの弟その1。この「もーちゃん」は茂吉とか猛三郎とかそういう名前のわけじゃなくて。そもそもは〝もつや〟というあだ名から。昔どっかでモツが出て来たんですかね。もーちゃんはモツが嫌いだったようで「モツ、イヤ！」↓モツイヤ↓もつや、だそうです。あだ名ってそんなもんですよね。そんな彼はサービス精神の塊。いろんな話を面白おかしくしてくれるんです。このもーちゃんとは一度奇跡の再会がありまして。20代の頃、有楽町のレストランでのバイト帰り。電車で座っていた時のこと。友達と喋っていて、ふと顔をあげたらなんと目の前で立っていたのがまさかのもーちゃん。「ずいぶん前から気づいていたけど、麻子すっげえ喋ってたから知り合いだと思われたくなかったんだよね」と無視していたとのこと。そう言いながらその後私のバイト先のレストランにも来てくれたりして。優しいんです。

「まーちゃん」。あっちゃんの弟その2。この人はズルい。とにかく格好いい。昔っからなんだか色気があって。だからウチの両親含め、うちら兄妹もみんなまーちゃんが大好き。そしてまーちゃんは私が初めて生で見た〝不良〟。あれはまーちゃんが高校生の時かなぁ。きっちりとしたリーゼント。その風貌で片方の口角をあげて〝ニヒルなニコッ〟をするもんだから、あっという間にまいっちんぐですよ。その頃よくウチに泊まりに来ていて。「これでリーゼント整えるんだよ」と見たことのない形の櫛を見せてくれたりして。なんか大人の世界覗いた気になってドキドキしたのを覚えています。

そして「ともちゃん」。一度コラムにも書いたことがあるのですが、一言で言うと私と妹の〝憧れ〟。ともちゃんママであるじゃちこおばが私の母の一番近いお姉ちゃんだったのもあってか、一番遊んだいとこです。6歳上のともちゃんはそんなわけで〝憧れ〟ですから。昔はやることなすこと全部真似したくなっちゃって。遊びに行った時にともちゃんがnon-no読んでいたら、すぐnon-noを読みたがりますよ、こちとら。まだnon-noの年じゃなかったけどね。ちょっと自分も大人になったような顔して読んでいたに違いない。あとともちゃんに遊んでもらった日は、その夜妹と2人で〝ともちゃんゴッコ〟。でも結局どっちがともちゃんやるかで揉めに揉めて終わり。というかそもそもともちゃんゴッコって何するのかわからないけれど。

あらいやだ。まだウチの三兄妹も生まれていない、前半の6人ご紹介したところでお時間となってしまいました。残りのメンバーと「いとこ会」のお話はこの次に。と言っても飲んだ話しか出てこないかな。お覚悟を。よろしくどうぞ。

〈今日の乾杯〉春子鯛《かすご》と筍、山菜たち（うるい、わらび、こごみなど）をだし醤油ドレッシングであえて。これでもかという春。最初に来たもんでまだビールですが、こんなん来ちゃったら追っかけて日本酒も頼んじゃうよねぇ。

いとこ会〈後編〉

前回の続きでございます。自分や兄妹も含めいとこ軍団が総勢12人いるもので、前回は半分の6人のご紹介で終わってしまいました。もうしばらくのお付き合いを。

前回のラスト・ともちゃんの次は「じょーたはん」。下のおじちゃんとこの一人息子。頭がよくてしっかりしていて。でも遊ぶのも100%で楽しむ感じの人。今やいわゆる〝じゃっちょさん〟です。

「ぷーちゃん」。ようこちゃんの妹。ウチのいとこの中ではともちゃんと並んで二大美人。体は細いんだけどほっぺがプックリしていて。ぷーちゃんが微笑むと、この世の悪いものが浄化されるような。何というか、まるで菩薩様のような人です。

そんなぷーちゃんの次がうちの兄。あだ名は「うちゅ」。兄が小さい頃、親と郵便局に行きまして。その時に、今もあるのかな？　ゴムかなんかで出来た人形の貯金箱があったのはわかりますかね？　その窓口にあった宇宙人とおまわりさんの貯金箱の首を取り替えて「うちゅわりさん！」とはしゃいだそうで。その〝うちゅわりさん〟からの〝うちゅ〟です。

そんな兄の一つ下で、大好きなともちゃんの弟が「ちょびちゃん」。これは定かではないのですが〝おちびちゃん〟↓〝ちびちゃん〟↓〝ちょびちゃん〟みたいなことかな、おそらく。思春期過ぎた頃から「ちょびちゃん」って呼ぶと「ちょびって言わないでよ」と。そりゃそうですよね。もう〝ちび〟じゃないんだもの。でもしょうがないんです。私が生まれた時にはもう〝ちょびちゃん〟だったから。

実はここまでの10人。年が一つずつ違いで。学年がずーっとつながっているんです。例えば最年長・あっちゃんが高3の時には小3のちょびちゃんまで全学年揃う。毎年子供が生まれた、という幸せな一族でございます。

ここで残念なのがちょびちゃんとその次の私の間が1年空いてしまうんです。ただ偶然というかこじつけと言うか。ウチの兄嫁と妹婿がこの空いた年生まれでして。なのでよく母が「伊藤家的には全部揃っているのよ」と何故かちょっと嬉しそうに話します。

そして最後は私と年子の妹。そんな最年少が只今45歳。みんな、大人になりました。

その大人たち12人が一堂に会した「第一回いとこ会」。この会が出来たのは、最年長グループのりょうぺいちゃんとじょーたはんのおかげ。そもそも時々2人で飲んでいたそうで。その席でそろそろ集まらないか、と。今までみんなの結婚式で集まっていましたが、残すところ未婚はワタクシのみ。私が言うのもなんですが、それ待っていたらいつになるかわからない（って2人が言ったわけではありませんが）。かと言って次集まるのは誰かのお葬式って言うのもね。元々おじいちゃんが何かとみんなを集めてくれていたから、すごく仲良かったいとこ軍団。しかもカレンダー見たら、今年はそのおじいちゃんの命日がちょうど日曜日。こりゃ、実行するしかない。そんな感じだったようです。

数か月前からりょうぺいちゃんがなんとか全員のメアドを集めてくれて、スケジュールもいろいろ調整してくれまして。するとまさかの全員参加。ただ私だけうっかり名古屋で仕事がありまして。終わり次第の合流となりました。

当日、お天気は朝から快晴。おじいちゃんがニコニコ見守ってくれているような気がする、あたたかい日曜日。そんなわけで私以外の皆様が朝品川駅に集合。バスを借りてまずは鎌倉へ。祖父母のお墓参りです。そしてまた品川に戻って、飲めや歌えや。そんな一日。私はその〝飲めや歌えや〟から、というか〝飲めや歌えや〟のみの参加です。

仕事していると私の携帯にお墓の前でみんなが勢揃いしている写真が。何十年も会っていない人もおりますが、みんな昔のまんま。もちろん年こそ重ねていますが。太ったり痩せたりしていますが。みんな昔のまんまの笑顔。ああ、早く会いたい。

仕事を終え、品川に到着。おそらく皆さん飲みだして1時間半経った頃かな。兄貴にＬＩＮＥをしてみる。今から向かいます、と。全然既読にならない。さては、すでにベロベロか？　急げ。小走りで居酒屋さんへ。お店の入り口で名前を告げると「こちらです」とお兄さんが奥の方へご案内。部屋へ向かう途中、見たことある後姿。「ちょびちゃん？」振り向くちょびちゃん。「あさこちゃん！」感動の再会。そのまま一緒に部屋へ。そこには大人にはなっているけど、表情そのままのいとこ達。「あさこちゃん！」「あさこ！」「あーさん！」それぞれの呼び方で私を迎えてくれた。ずいぶん会っていなかったのになんだろ、この馴染みの速さ。46歳、あっという間に妹ヅラです。仕方ない。だって下から二番目なんだから。

そこからはとにかく飲む飲む。さすが、ウチの家系。呑兵衛しかいません。空いたグラスなんてテーブルの上に一つもない。ビール、ワイン、焼酎、日本酒などなど。追加の注文のスピードと量には店員さんも苦笑い。「最初はもう年齢的にも〝量より質〟だから飲み放題じゃなくていっか、って言ってたのよ。でもすぐ飲み放題にしちゃった」と笑うようこちゃん。大人に混じって春から中学生になった愛する姪っ子（妹の子）も参加してくれていたので、そんなベロベロ会に可愛さを足してくれている。ありがとう。

止まらぬ酒の中、話も止まらない。ようこちゃんが昔文京区に住んでいて、よく出ていたケーブルテレビを観ていてくれた、とか。じょーたはんの結婚式の時、私がちょうど電波少年の頃で。「無人島に行ってたら、そりゃ参加できないよね」と笑ったり。来年50になるちょびちゃんがとうとう〝ちょびちゃん〟って呼ばれることを受け入れたり。

数時間たっぷり飲み倒した頃、お店のお姉さんが来てこう言いました。「お時間です。」飲み足りない私たちは（そんなはずはないのですが）近くのカラオケへ。結局そこでも飲み続ける。歌うんですよ。ちょびちゃんと「ロンリー・チャップリン」デュエットもしましたよ。でも結局、お酒、飲むんです。

途中まーちゃんが家族にお電話。「あさこちゃん、娘と喋ってよ」と。娘ちゃんがずっと応援してくれておりまして。それを見ていたともちゃんが「まーちゃんのくせにお父さんの顔しやがって」と笑う。だってあの〝不良〟のまーちゃんがちゃんとパパしてるんだもの。本当にみんな、ちゃんと大人になっています。

カラオケでどれだけ歌っ……いや、どれだけ飲んだかわかりませんが、とにかく楽しかった。帰り際、ベロベロに酔っぱらったちょびちゃんを「近所だから」と一緒にタクシーに向かっていったようこちゃん。大人になったけど、やっぱり何か、変わらない。

最後りょうぺいちゃんが「次は3年後くらいかな」と。この「これからは毎年！」と気負わない感じもいい。と言いながらもしかしたらすぐ飲むかもしれないし、もっと先の10年後かもだけど、また集まりましょう。いとこ会、万歳。

〈今日の乾杯〉先日フラッと入った広島の居酒屋さんにて。「つきだしです」の一言で山ほど出てきたんです。揚げたイワシに湯葉のあんかけ。もずく酢やらヒジキやら。あさこ酔わせてどうするつもり？

佳代が生まれた日

佳代。そうです。オアシズの大久保佳代子さんのことでございます。２０１７年５月12日。大久保さんの46歳の誕生日でした。６月に私が47歳になるまで、１か月だけの同い年です。

というわけで前日の11日の朝、大久保さんにメールをば。「今夜か明晩のご予定はいかがですか？」と。ただこちらからお声がけしておいてなんなんですが、わたくし両日まさかの仕事終わりが遅めでございまして。まず11日は北海道で仕事。最終の飛行機で東京に戻る予定だったもので、もし11日なら24時ちょっと前の合流で〝日またぎ祝い〟。12日なら22時都内にて仕事終わり予定なので〝ギリギリの当日祝い〟。もちろん大久保さんが他にご予定があったら全然よいのですが、もしお仕事の具合などでうっかり一人で過ごすようなら「よろしかったら是非に」と。

いやね、20代や30代の頃は、誕生日がイヤだった時期もありましたよ。なんか「年をまた一つとる」のがイヤで。でも年齢を重ねてくると「ああ、今年もまた一年元気に過ごせた」と思って、なんと素晴らしいことかと。だから誕生日がすごい日、大切な日に思えるようになりまして。それがいつもお世話になっております大久保さんの誕生日ですから。そりゃ祝えるものなら祝いたいのです。

しばらくすると返信が。誕生日当日である12日は〝いつも仕事終わりで飲みに行く〟レギュラー仕事があるから〝大丈夫〟との事。ただ「今夜（11日）はもしかしたら、仕事終わりでなかもっち（大久保さんのマネージャーさん）とご飯するかも。もしご飯するなら連絡する」と。

ラジャー。私はどういう状況になってもよいようにお誕生日プレゼントを車に積み込んで、マイカーで羽田空港へ。そして北海道へ向かいました。仕事は順調に終わり早めに新千歳空港に到着。電光掲示板を見ると予定より30分くらい早い飛行機を発見。変更出来ないか、とりあえずマネージャーと2人でカウンターへ。「お調べしますね」と石立鉄男さんが言うところの〝鶴のマークの姉ちゃん〟がテキパキと調べてくださり。その答えはこう。「2席だけ空いております。」奇跡！　素晴らしい！　しかも申し訳なさそうな顔をして「ただ並びのお席のご用意が出来ず。」いいんですいいんです。もうこちとら46なんですから。隣同士じゃなきゃイヤ、なんてことはないから。

そんなこんなで空港にて北海道感溢るる味噌ラーメンをすごい勢いですすり、無事早めの飛行機に乗り込む。音楽チャンネルから流れる今井美樹「野性の風」を聞きながら、ちょいと自分も風にでもなったかのような顔をして、窓の下に広がる町の灯りを眺めたりして。あっという間に羽田空港。携帯の機内モードを解除。すると大久保嬢からのＬＩＮＥが。「いつもの和食屋になかもっちといます。よろしかったら。」よろしい。もちろんよろしいよ。

急いでマイカーで空港から高速に乗りいったんウチへ。まあこっちは1本早い飛行機で帰ってきましたから。余裕のよっちゃんです。23時過ぎにはウチに着いて、車を駐車場へ。車に積んでおいたプレゼントを手にとり「へい！　タクスィ！」いつもはあまりタクシーが来ない道なのに、すぐタクシーが通りかかる。神様、ありがとう。おかげ様で23時半にはお店に到着。

薄暗いお店に大久保さんとなかもっち。後から別事務所のマネージャー・金さんが合流するとのこと。まずは3人で45歳ラスト記念の乾杯。するとなかなか来ない金さんからなかもっちに電話が。お店がわからないのかな？　しばらくするとなかもっちがヒソヒソ声で「46」。ん？　金さん、もしやケーキ準備してる？　今の絶対、ロウソクの確認でしょ？　しかもその「46」はご本人の大久保さんにもちゃんと聞こえておりまして。「聞かなかったということで」と目くばせ。

0時を迎えるちょっと前に金さん到着。再度乾杯をし、あとは時計とにらめっこ。45歳が2分を切ったくらいから117に電話をして時報を聞く。正確に12日を迎えるのです。ただあの無機質な〝ピッピッピッポーン〟に「なんか怖いなぁ。なんだかドキドキしてきた」と大久保さん。「ま、本当は生まれたの朝8時半だけどね」とか言ってみる感じがカワイイ人です。

さ、いよいよカウントダウン。5、4、3、2、1、ハッピーバースデー！　お店の電気が突然消える。金さんが買ってきてくれたケーキがオシャレなプレートの上に。4と6のロウソクの火は燃え、プレートの隙間にはチョコで書いた〝Happy Birthday〟の文字。お店の方たちによる「ハッピーバースデー」の大合唱と共に大久保さんの前にケーキが。金さん、どんなケーキを買ってきてくれ……あれ？　ケーキじゃない。カステラだ。でもこれもいいね。しかもカステラの上に文字が。すごい。カステラでも文字を入れられ……ん？　〝お母さん、ありがとう〟？　これ、母の日のヤツじゃない？「やってるのが駅前のスーパーしかなくて。でケーキもいいのがなく、ちょうどカステラ見つけて。たしかに『母の日に』って書いてあったけど、まさか表面にも書いてあるとは。」と金さん。でもでもおかげさまで大笑いで始まった大久保さんの46歳。大久保さん、ホントにホントにお誕生日おめでとでした。ますます豊かで素敵な一年になりますように。

〈今日の乾杯〉蛤のアヒージョ。和食屋さんで頼んだら、こんな紙のお鍋で登場。蛤の旨味が出まくったスープは一滴残らず飲み干したに決まっちょりますよ。

フルボディ〈前編〉

毎年恒例、年に一度のババアの悪ふざけ。そうです、単独ライブです。今年もまたまたその季節がやってまいりまして。

6月10日生まれのわたくし。毎年6月開催という事で〝お誕生日会〟という名目でライブをしておりましたが、今年はうっかり20周年という事で〝20周年パーティー〟と銘打ちまして。草月ホールというでっかい会場借りちゃったりして。ネタあり歌あり××（チョメチョメ）ありの100分間。って結局いつもの〝単独ライブ〟なんですけども。はい。

今年の開催日は6月19日の月曜日。私はついつい体力的にも精神的にも絞り出し切ってしまうので一回限定公演。言ってしまえば〝一回やり逃げスタイル〟です。なので〝一日だけお借りする〟となると劇場が空いていがちな月曜開催に。そんな週の始まり、お仕事スタートの方も多いでしょうに、500人近い方にお越しいただきました。ありがてぇ。

タイトルは「いとうあさこ20周年パーティー　フルボディ～時の流れにまかせた身～」。

ええ、ええ。時にまかせてきましたよ、身。自由にさせてきちゃいましたよ、身。そんな留まることを知らないこのワガママボディであれやこれやするわけですが、とにかく体力の低下が著しいもので。その衰えっぷりたるや目も当てられませんが、その分何故かどんどん強くなる気力を引っ張り出しまして。〃ババアの今〃を全力で皆様の目にこすり付けるわけです。

まずオープニングはお琴演奏。今回20周年という事で何か厳粛で雅な感じで始めたいなぁ、とずっと考えておりまして。で、お琴か尺八のどっちかかな、と。例えば幕が開いたら、虚無僧《こむそう》の格好した私がいて。会場に響き渡る尺八の音。お客さまは「あれ本当に吹いてるの？」「っていうかあの笠の下は本当にいとうあさこ？」などザワザワ。そこに黒子が出てきて笠を真っ二つに割ると本当に私が尺八を吹いている、という。そんな事考えてベローチェでニヤニヤしていたのですが、〃小さい頃お琴を触ったことがある〃〃尺八など吹く系の楽器は音を出すまでが大変〃〃キレイな着物が着たい〃などの理由からお琴をチョイス。

実はこのお琴にしようと決めたのは昨年11月頃。携帯で地元のお琴教室を検索すると、歩いて5分くらいのところに個人でなさっている教室を発見。電話して行ってみると優しそうな女性の先生が。ライブの説明をして、最終的には古典ではなく、何かJ-POPを弾きたい旨を伝えると心よくOKいただきまして。

そこから猛練習スタート。時間ある限り先生の所に通いますが、もちろん自宅での練習も必須。ただいざお琴を買うとなるといわゆるピンキリではありますが、なかなかの高級品。

私はふと思い出しました。私が小さい頃、母がお琴弾いていたな、と。ダメ元と言うか、一応の一応で実家に電話。「お母さん、お母さんのあのお琴、どこに行ったんでしょうね？」あの『人間の証明』の名台詞を彷彿とさせる質問を母に投げかける。その答えは、ある。ある!? あれから40年近く経っているのに？ ある!? すごい!! ただやっぱり時の流れによる劣化は否めず、という事で母は「さすがに本番にはボロボロで駄目だけど、練習用になら」と弦を張り直してくれまして。その大事なお琴を娘に譲ってくれました。母ちゃん、ありがとう。

フォークギターやウクレレなどはやっておりましたが、同じ弦楽器でも全然違う。13本の弦を漢数字が並んでいる楽譜を見て奏でる。いやはや、ちゃんと大変。こうなるともう稽古あるのみです。毎週1回、多い時で週に3回1時間のお稽古。それから半年の積み重ねを経て生まれたオープニングはこうなりました。

まず幕が上がるとスモークの中に人影が照らし出される。それが私。その〝私〟はタイヤのついた台の上に艶やかな真っ赤な着物を着て鎮座。ゆっくり「さくらさくら」をお琴で演奏し始めると後ろに控えていた黒子たちが台を押し、私は舞台の前の方へ。しっとりたっぷり、でお届けした「さくらさくら」の最後の一音が会場に響く。一瞬の沈黙の中、私がバッと両手を広げると♪キュイ〜ンというイントロ。そうです、マッチの「ギンギラギンにさりげなく」です。その瞬間黒子たちが私の着物を両側に引きちぎる。すると下にはギンギラギンを彷彿とさせる金と黒を基調にした衣装。最後仕上げに黒子が私の頭に金のねじり鉢巻きを乗せたらあさこのマッチが完成。そのままお琴で「ギンギラギンにさりげなく」を演奏。そして最終的には歌っちゃう。そんな感じです。

いやぁ、たった5分あるかないかのこのオープニングにホント皆さんよく付き合ってくださりました。お琴をくれた母をはじめ、イヤな顔一つせずギンギラギンの楽譜を作ってくださったお琴の先生。〝二つに割れる着物〟と言う無茶なオーダーを叶えてくれた衣装の麻里ちゃん。後ろからキレイにシルエットが浮かびあがる照明を私の細かい注文を聞いて作ってくださった舞台監督さん。「忍者みたいにキリッとシャキッと」と言うフワッとした先輩の要望に応えてくれた黒子の後輩たち。そしてそれを笑ったり手拍子したりしながら盛り上げてくださった500人のお客さまさま。もう感謝が止まらない。そしてホントすいません。こいつがお〜れのやり方ぁ〜、なもんで。ギンギラギンにさりげなく生きるだけさぁ、なので。ああ、ホントにホントに感謝です。

ってあらやだ。ライブ始まって5分の話でお時間が。次回、もうちょっと続きを聞いておくんなまし。ごめんくださいませませ。

〈今日の乾杯〉汲み上げ湯葉とヴィシソワーズですって。カラスミかかっちゃってるんですって。もう知らない食べ物だ。ただ……最高。ああ、いつものペロペロググビグビだな、こりゃ。

フルボディ〈後編〉

年に一度の単独ライブ。前回はまさかの〝最初の5分〟を書いて終わると言う。本当に記憶力が低下している今日この頃。記憶のメモ代わりに書き留めさせてくださいませませ。それでは続きを。

お琴の他に早くから始めていたのは落語。実は毎年落語をさせていただいておりまして。ただ落語と言っても本当に独学で。古典をベースにした創作落語を好き勝手作ってやっておりました。

で今年は20周年と言うことで、せっかくなら一度落語をちゃんとしてみたいな、と。じゃあどなたに聞いてみようか。あさこの電話帳の中から数少ない落語家さんを検索。大物ですよ。超がつく程大物なのに、何故か壁なくお話出来る方、一件ヒット。そうです、笑福亭鶴瓶師匠です。本当に見てのまんま、気さくで優しく。ついつい甘えちゃうと言うか。全然緊張しないと言うか（師匠、すいません）。だからと言って「師匠、落語教えてぇ」はさすがにもちろんダメダメ。便箋3枚にぎっしり書いたお手紙と私の過去のつたない落語をDVDに焼いちゃったりして。大人に頼んでこの気持ちをダメ元で師匠に届けていただきました。

するとある夜。「鶴瓶です」と突然のお電話。「聞いたでぇ。でも俺じゃない方がええと思うで。上方やし男やし。あさこは女性に教わった方がええ。東京のな。ちょっと待ってて。」ガチャン。そして数分後、2度目のお電話。「人に聞いたんやけどな。『松山鏡』って言うのがいいらしいで。『松山鏡』。女性がやるのにいいらしいわ。『松山鏡』な。ちょっと見てみて。」ガチャン。更にまた数分後。「あのなYouTubeあるやろ。あれで正蔵が『松山鏡』やってたわ。〝正蔵〟〝松山鏡〟で出てくると思うわ。YouTubeな。見てみぃ。」ガチャン。もう鶴瓶コールは止まりません。夜が明けてすぐ「YouTube見たかぁ?」はい。すぐ見ました。「どうだった?」とても面白く。ただ正蔵師匠が男性なので、女性ゆえのアレンジも出来そうかと。「そうか。よかった。じゃあちょっと待ってて。」ガチャン。ん?　なんだろ?　すぐ着信。「あのな、露の都っつうのに電話してみぃ。俺よりちょっと若い大阪の女性の噺家でな。露の都に『松山鏡』がいいって聞いたから。いろいろアドバイスくれるから電話してみぃ。電話番号言うで。090……」早い早い早い!　急いで露の都師匠のお電話番号をメモ。「すぐやで。すぐかけるんやで。」ガチャン。本当にすぐお電話してみると「聞いてますよ。」と優しくご対応いただきまして。ここは変えても面白いんじゃないか、とか、あの部分はそのまま丁寧にやった方がよい、など本当に細やかにアドバイスいただきました。ありがたい。すぐに鶴瓶師匠にお礼のお電話。おかげ様でいろいろ貴重なお話が伺えました、と。すると「あのな、今ちょっと小朝と連絡とってて。誰か稽古見れないか。今返事待ちだからちょっと待ってて。」ガチャン。……こ、あさ?……え!? 小朝師匠!? あの!? わぁっ!! 知らない間に、そして凄いスピードで、そして凄い方向にどんどん話が進んでいる!! ただただ左右にウロウロしながら戸惑いを全身で表していると再び鶴瓶師匠からお電話。「小朝のOK出たで。小朝んとこにぴっかり☆って言う女性の噺家がおるから。そのぴっかり☆に教わったらええ。じゃあ電話番号言うで。090……」早い早い早いってばぁ!「すぐやで。すぐかけるんやで。」ガチャン。

そんな数え切れない鶴瓶コールを経て、最終的に春風亭ぴっかり☆さんに落語協会の2階の広い稽古場で何度もお稽古つけていただきました。そのぴっかり☆さんは若くかわいらしい方で。でも落語はしっかりと丁寧に教えてくださいまして。最後は「頑張ってください」と扇子を一つくださいまして。その扇子を片手に、20分以上ある落語「松山鏡」をなんとかやりきる事ができました。

鶴瓶師匠にお声がけさせていただいたことから始まり、気づけば本当にたくさんの方にお世話になりまくりまして完成した今回の落語。とぉちゃんありがた過ぎて涙出てくらぁ! あ、興奮してあばれはっちゃく出ちゃった。すいません。

お琴、落語の他には昔、芸能界に入ったら起こると思っていたあんな事やそんな事。20年経っても起こらない、その〝あさこが夢見た芸能界〟をコントにしたり。〝あのイライラは今〟と言って、あの南ちゃんネタのイライラが今、時を経て悪化したことを検証。最終的にはあの頃着ていたレオタードを着てパンパンのフルボディ見せつけたり。ダンサーASAKOとしての原点になった『フラッシュダンス』のオーディションシーンを踊ってみたり。そして最後、溢るる母性をまき散らし「聖母たちのララバイ」を熱唱しながら客席を練り歩く。そんな100分でございました。

ただ今回20周年とは申しましたが、私は世に出たのが遅いですからねぇ。実働としたらきっと7〜8年くらい。でもそうは言ってもなんやかんやの20年です。その20年の時の長さや厚みは、今回のライブが本当にたくさんの方のご尽力で出来上がったこと、そして本当にたくさんの方にお越しいただいたことに、すべて表れている気がします。売れてもいないのに何故か辞めずに続けてきたこと、続けられたことの奇跡に感謝しながら、これからですよね。これからもババアふんばって参りますので、ひとまず21年目のわたくしもよろしくお願いいたします。

〈今日の乾杯〉フォアグラの角煮、ですって。なんだそれ。初めて聞いた。甘辛く煮たフォアグラちゃんはビール、日本酒、ワイン、何でもござれ。ああ、幸せの迷い。

ダンサーASAKO

ダンサーASAKO。それはダンスに魅せられ、ダンスと共に生きてきたいとうあさこの事である。

なんかスイマセン。ま、このコラムでも何度かお話してまいりましたが、小さい頃から踊るのが好きでして。はい。先日の単独ライブで〝ダンサーASAKO〟の原点と言っても過言ではない映画『フラッシュダンス』のラストのオーディションシーン。そのダンスの完コピをさせていただいたのですが、そこからなんだか踊りづいている、と申しますか。ASAKOのダンスが止まらないのです。

まず、その単独ライブの翌日から数年ぶりに復活の「ヒルナンデス！」社交ダンス企画の稽古が始まりまして。今回のお相手はトレンディエンジェル斎藤さん。斎藤さんとは以前リズムに乗りながらクイズに答えると言う番組で一緒だったのですが、2人で踊り倒したことがありまして。その時に踊り方と言うかリズムの刻み方と言うか。なんか似ているなぁ、と。で今回社交ダンスの相性を見る為に初日2人でアドリブで踊ってみたところ、なんだか動きが合っておりまして。

　ただ相性がよくても、今回参加予定の大会がヤバい。前回オリラジ中田のあっちゃんと挑戦した大会の一つ上の級を狙うとのこと。いやね、前回は期間も長く、その間で何度か大会に出まして。それでなんとか勝ち得た準優勝だったのにそれより上の級って。しかもダンスの種類も以前はサンバ・ルンバでしたが、今回はそこにチャチャチャも加わり3種目。オーマイゴッド。

　正直47歳68kgには地獄のしんどさ。ただ、何でしょうねぇ。音楽がかかると動いちゃうんですよねぇ。まあまた曲が止まるとすぐバタンキューなのですが。以前ユーミンさんに「あさこちゃんはキューバっぽい」と言われたことがありまして。なんか南米っぽい、と。あと昔ミュージカルで黒人役をやった時も〝ダークエジプタン〟と言う黒いドーランを顔に塗ったら演出家が「いる！　こういう人いる！」と。もしやどこかにこっそりラテンの血が流れているのかしら。とにもかくにも9月の大会まで踊るのみ。がんばるんば。

　そしてそのダンスレッスンが始まった翌日。今度は北海道でヲタ芸合宿。そうです。先日O.A.の「世界の果てまでイッテQ！」にて女芸人10人でやった一芸合宿です。それにしても女芸人の高齢化はひどい。私47歳が最年長。一番下でもやしろの30歳。だからスタッフさんがお気遣い下さいまして。マッサージの先生にも同行していただいたのですが、まさかの初日。初日は前乗りのみ。つまり特に踊りも何もしなかったのですが、北海道までの移動で疲れちゃったのかな。ババア集団がここぞとばかりに次々とマッサージ部屋へ吸い込まれるように入って行くという。もうそんなですよ、私たち。

そんな私たちが挑戦したヲタ芸は、私がアイドルちゃんを応援した80年代にはなかったなぁ。あの頃はいわゆる親衛隊。ツヤツヤした、あれはサテン？　丈の長いハッピ着てね。コンサート行くと外のところで皆さん集まって〝コール〟の練習とかしていて。「L・O・V・E・ラブリィマッチィ〜!!」みたいな。ただこの頃私はまだ子供ですから。おねえたま方のその姿を横目に、お小遣いで買った缶バッチを胸につけて。芯を抜いた紙テープを客席からステージに向かって一生懸命投げるのが、精一杯の応援でした。

当時はアイドルが目の前のステージで歌っていても、本当に実在しているのかどこか信じられなくて。しかもトイレも行かない、行ったとしても出るのはお花、と半分本気で思うほど遠い存在。それが30年近く経った今、いつの間にかアイドルの存在が身近になって。その好きなアイドルを応援したい、目立って見てもらいたい、みたいな感じで始まったのがヲタ芸だそうで。それが進化して今ではヲタ芸そのものがショーとして独立。海外にまで広まっているとのこと。

いやぁ、思っていたものと全然違いました。とにかく全身運動。今まで動かしたことないような所を全力で動かすんです。だから肩、ひじ、膝、足首など、関節という関節がどんどん壊れていって。

先生方はパッと見、華奢な印象なのに、よく見ると腕や足の筋肉が凄い。しかも〝ロマンス筋〟と呼ばれる見たことのない筋肉が脇腹についていて。ヲタ芸の中でも有名な〝ロマンス〟と言う技が〝もう脇が直角に曲がってないかい？〟レベルで、まるでメトロノームのように両側に大きく動くので、両脇腹に筋肉がつくそうで。バービーは逆に「くびれてきたぁ♡」と言っておりましたが。

今回の曲は「前前前世」。先生に「ずっと練習で聞いてたら、曲がキライになったりしませんか？」と伺うと「確かに一度聞くのもイヤになったけど、それを越えてまた好きになる」と。そっか、そこまで練習するんだ。って私は結局ずっと「前前前世」好きなままでしたが。むしろ曲のパワーで踊れてた気がします。

何はともあれ本当にみんなよくやりました。もう一回言いますけど北海道までの移動でマッサージを受けるような人たちですよ。特にトニセンチーム（V6さんのようにいわゆる年長組です）はマッサージ・湿布・テーピング。カミセンだってもちろん全力。オカリナなんて海外ロケにサイリューム持っていったって。みんな、お疲れ様でした。

実は他にもDJ KOOさんのMVでちょっこし踊っていたり、も一つ映画「怪盗グルーのミニオン大脱走」のWEB動画で〝ミニオンダンス〟なんてしちゃったり。

ダンサーASAKOは今日も舞う。だってそれが、私の運命《さだめ》。ウフフ。

〈今日の乾杯〉ウナギ、長芋、胡瓜、ガラスの器と言えば？　せぇーの！　夏ー!!　最近〝気候〟より〝食〟で季節を感じちゃうなぁ。ウナギのコクでビールをゴクリ。

声

この夏公開しております映画「怪盗グルーのミニオン大脱走」にてワタクシうっかり声をやらせていただいておりまして。ただね、ＣＭの仕事はいつもドッキリじゃないかと疑いますが、声優なんてもっとドッキリだと思っちゃう。だって声ですよ、声。私の声、ガッサガサじゃないですか。超がつくほどの。しかもそれが世界で大人気のミニオンの映画の声だなんて。

でも実は以前に一度だけ声優経験が。それは映画「クレヨンしんちゃん　超時空！　嵐を呼ぶオラの花嫁」にて。役としましては〝花嫁（希望）軍団〟。これ、〝はなよめかっこきぼうかっことじぐんだん〟と読みます。この軍団を森三中・黒沢、椿鬼奴、はるな愛、ハリセンボン・春菜、そして私の5人でやらせていただいたのですが、気づきますかしら？　5人中3人がガサガサ声。奴ちゃん、愛ちゃん、あさこちゃん、です。なんとか頑張ったのですが、皆ガサガサで結局誰が誰の声だかわからない、と言う。そんな悲しい経験をした私に舞い降りた二度目の声のお仕事なのです。

私の役は主人公グルーが勤める反悪党同盟の新リーダー・ヴァレリー。はっきり言って性格はキツく難アリですが、イイ女です。本国アメリカのヴァレリーの声はジェニー・スレイトさんと言う方で。ネットで調べるとジェニーさんの職業は「女優、声優、コメディエンヌ」……ズルくない？　だって、つまり、「キレイで声もよくて笑いもとれる」ってことでしょ。ああ、妬み嫉み。

ヴァレリーの出番は2シーン。まだ他の方のお声が入ってなかったので、自分以外の役は全部英語。そこに日本語で台詞を入れるので、ちょっと大変でしたが1時間弱で録音は終了。ただ「一応アメリカの方に聞いてもらってもしかしたら直しがあるかもです」とのこと。え？　それって向こうの人が「OH!　GA-SA-GA-SA!」とか言ってNGなんてことがあるってこと？　それから「録り直しありません」の連絡が入るまではちょっとうがいしたり、飴なめたりして。私なりに少し喉いたわったりしましたが、結局そのままでOK。ホッ。

そんな私も昔は綺麗な声だったんですよ。これでも。だって高校の頃なんて同級生と2人でBALLOONと言うフォークデュオを組んで松田聖子ちゃんのバラードをフォークギターで弾き語ったり、校庭の真ん中で映画「サウンド・オブ・ミュージック」の中の名曲「エーデルワイス」を歌ったり。ほら、声が澄んでなければ出てこないエピソード。

ただね、20代の始め、舞台人を目指してボイトレたるとこに通っていたのですが、個人授業じゃなくて30人位のクラスで。となると、自分では先生に教わった通りに声を出しているつもりでも、まったくもって違う出し方していたようで。気付いたら声帯に結節と呼ばれる、何て言うか、手の平のタコみたいな。固い部分が出来ちゃいましてね。しばらくお医者様に診ていただいたりしていたのですが結局癖ついちゃって。そこから徐々にガサガサが悪化。今はどうかわかりませんが、20年以上前の先生いわく結節はポリープみたいに切除するのは難しい、と。「だってほら。手の平のタコってどこまでがタコでどこからが手の平かわからないでしょ？　そういうこと」と。うん、ニュアンスはわかるよ。だから手術だなんだ、と言う事なく、この〝結節ちゃん〟と仲良く生きていくことを選択。するとその声帯を診ていただいていた先生から、声楽の先生をご紹介いただきまして。なにやらそのお方は結節を持っている人用の声の出し方を教えられる方だそう。

その先生のご自宅での個人レッスン。教わった住所を駅前の地図で確認。この頃は携帯なんてないですから。いくつ目の角を右に、そこからいくつ目の花屋さんのある角を左、みたいに道順を暗記。その自分の記憶を信じて駅から歩くこと10分。先生のお宅を発見。とても優しそうな、母くらいの年代の先生。でもレッスンは力強い、ん〜、〝奇声を発する〟系？ってそんな系があるかわかりませんが。とにかくいろんな格好をしながら、いろんな声を腹から出すんです。外から聞いたら何やってるんだろうって思われたでしょうが。フフ。

あと先生いわく「声帯は筋肉だから」と。体が疲れるように声帯も疲れる。だから、ちゃんと声帯を休めなさい、と。それはただ喋らない、と言う事ではなく（それが大事な時もありますが）体と同様、食べて栄養を取ったり、お風呂に入ったり、十分に睡眠をとったりなどなど。そういう休息。考えたこともなかったけど、なるほど。

そんな先生宅からの帰り道に素敵なロティサリーチキン屋さんがあって。その頃はまだ〝ロティサリー〟なんて聞いたこともなかったけども。ただただ美味そうなチキンがお店の中でグルグルしちょりまして。そのチキンを半身、持ち帰りで購入。付け合わせも２つ選べて。私はハマると冒険しないもので、毎回〝マッシュポテト〟と〝コールスロー〟を選んでいた記憶がございます。それをいわゆる「自分へのご褒美」とか言って買って帰っておりました。自分の為のレッスンしておいて何のご褒美かわかりませんが。ほら、栄養とらなきゃいけないし、ね。

そんなこんなで数年間、楽しく先生にレッスンしていただいたことで「ガサガサだけど大きな声」を手に入れました。ただの酒焼けと思われがちの私の声はこうして出来上がったんです。今回の映画ではその声で「あんたはクビ！」と叫んでおります。まだの方はよろしかったら是非に。

〈今日の乾杯〉こないだ疲れて遅く帰ってきて、でも軽く飲みたかったのでこうなりました。仙台で買った笹かまと大好きな缶ビール。このちょっとが明日へのリセットになるのです。

引っ越し〈前編〉

9月の始めに引っ越しをする事になりまして。6年ぶりの引っ越しです。本日は47歳が時間に追われまくったドタバタ引っ越し物語にお付き合いくださいませませ。

単独ライブが終わった6月末、管理会社さんから「家の更新するかしないか」書類が送られてきまして。今の家に引っ越してから、今年の9月9日で丸6年。もし更新しないなら2か月前、つまり7月9日までにその旨を書き込んだ書類を返送しなくてはなりません。

今の家自体は凄く好きなんですよ。大好きな東京タワーが親指の爪より小さくですが一応見えますし。住んで4年位経った夕方、急に影のように浮き出ている富士山に気づいて（あ、これは小指の爪より小さく、ですが）めちゃめちゃ感動しましたし。あと近所にお寺があって、朝と夕方には鐘の音が聞こえてくるし。ホントに好きなんです。そもそも内見した時に「ビビビ」と感じて即決した部屋ですから。

ただね。そんな部屋なのに、何故か数か月前から「な〜んか違う」と。理由もはっきりわからないんですよ。霊感とかはまったくないのでそういう事でもなく。うまく説明が出来ないのですが、ホントに直感。「な〜んか違う」と。と言うわけで「更新しない」書類を7月の始めに提出いたしました。

さ、まずは物件探しです。6年前は中野新橋の6畳一間からの引っ越し。なので引っ越しの第一条件は「広さ」でした。ただそうは言ってもワタクシ異常なまでの怖がりなものでして。ただ広い、と言うのも駄目で。希望としましては部屋全体が見渡せる1LDKタイプ。しかもその〝1〟も独立した一部屋ではなく、仕切り扉を開けたらLDKとつながります、みたいな。もう1ルームみたいな部屋がよかったんです。ですから「広さ」と言っても「6畳よりは広い」ならなんでもOKでした。

あともう一つの条件が「角部屋」。実は中野新橋は角部屋で。狭かったけど、窓が2面にあったので開放感がたまらなく。日差しも入り放題でとてもとても気持ちよかったんですよね。ま、その分夏は外より暑く。冬も外気が入ってきちゃって、ちゃんと外より寒い、でしたが。

その二つの条件を引っ提げて見つけた今の家。たしかその時はすでに10軒くらい内見していて。でもなかなかピンとくる家もなく。そんな状態の時に今の家に入った瞬間「ビビビ」を感じましてね、ホントに。窓から見えた空の広さと言うか。7階なのでそんなに高くないのですが、ちょうど目の前に高い建物がなく空が抜けていて。いい夕暮れ時だったりして。それがホントに素敵で。あ、そう言えば中野新橋の時も3階だったのですが、坂の上にある

3階だったからか窓から見える風景を遮るものが何もなく。遠く新宿のビル街まで見えていて。その時もやっぱりその空の広さで即決した気が。と言うことは私、なんだかんだ条件つけても結局「窓から見える空」が一番大事なのかも。

なんてそんなこと言いながら、しっかり不動産屋さんにはいろんな希望条件を出しちゃいました。オホホ。まず今の部屋よりもうちょいでいいので「広く」。だってせっかく引っ越すのに、同じ間取りだとつまらないじゃないですかぁ。それと「部屋が壁で区切られていない」「角部屋」は前回と一緒。そこに今回はいろいろと細かい希望を足してみました。例えば「カウンターキッチン」。今までは普通の台所しか経験のない私。キッチンから部屋が見えるあの感じに憧れちゃっておりまして。で、それプラス「広めのＬＤＫ」。そこにダイニングテーブルを置いてみたいなぁ、と。実は27年一人暮らししてきて、一度もダイニングテーブルというものを買ったことないんです。手料理をカウンターキッチンのカウンターに一度置きましてて。そこから「お待たせしましたぁ」なんて言いながらテーブルに運ぶ、みたいな。そういうの、ドラマでしか知らないものでして。ってまぁそんな事言っておいてなんですが、来客がない限りほとんどお料理しないですからね、私。ただの妄想となる確率は、高い。

更に更に。バアバとしてもっと会いたいな、という事で「パコ美（大久保家の愛犬）んちの近く」。つまりは大久保さんちの近く、と言うことです。ええ。昔中野に住んでいた頃は大久保さんちとちょいと遠くて。ただホントによく飲んでいたので、もう少し近くに引っ越したいな、と言うことになりまして。でもお互いに近すぎるのも、なんか、ねぇ。と言うことで〝隣町〟を合言葉に今の町に引っ越してきたんです。それが〝パコ美〟と言う存在が出来てからというもの、私ももちろん会いたいし。大久保さんも何かあった時に近くにバアバいたらいいな、みたいな。二人共あんなに〝隣町〟以上になる事を拒んでいたはずなのに。酔うと大久保さんが言うんです。「近くもいいけどね」と。しかもある日SUUMOで物件見ていた時のこと。いろいろ条件入れるじゃないですか。それで検索したら〝該当1件〟の文字が。開いてみると、それがまさかの大久保さんのマンション。大久保さんちの1階上が空いていたんです。それを大久保さんに話すと、またこう言うんですよ。「同じマンションでもいいけどね。」ん〜、こちとらも一瞬迷いますがねぇ。さすがにそれは〝越えちゃいけない一線〟かと。でも、今の〝隣町〟から〝同じ町〟に近づいてもいいかな、と。

そしてまだ条件が……って、あら。もうお時間。では次回、また続きを書かせていただければ。ちなみにキーワードは「奇数階」でございやす。ごめんなすって。

〈今日の乾杯〉ハワイの鉄板焼き屋さんで出てきた枝豆のガーリック炒め。さやにも味がしみてるから、しばらくチューチュー吸っちゃうぜ。もちろんビールと。

引っ越し〈中編〉

さてさて。47歳の引っ越しの条件、まだあります。

これは自分でも厄介な条件だと思うのですが「奇数階」。元々わたくし、占いや風水などに人生の決断をゆだねない派でして。いや、好きですよ。毎朝、テレビの星座占いで双子座が1位だと小躍りしますし。番組で占ってもらったりする機会も結構あるのですが、そのたびちゃんと大騒ぎが止まりませんし。でも大事な時に信じるのは自分の「ビビビ」だけなんです。なので物件探しも今まで直感頼りで決めてまいりました。

なのに、ある日うっかりテレビからこんな事を言っているのが聞こえてきちゃったんですよね。「家族などプライベートを満たしたいなら偶数階。仕事を満たしたい人は奇数階。」ほお。で、ちょっと考えてみたんですよ。今までの私の階数。一人暮らし始めてから約20年間、3連続2階。たしかにその2階時代は常にお付き合いしている殿方がおりました。そして最後の彼と別れて住んだ中野新橋の家が3階。そこから少しずつ仕事をいただくようになりまして。そして次に引っ越した、この6年暮らしたマンションも7階。おかげ様でお仕事、頂戴しております。あれ？　合ってやしないかい？　偶然にもガッツリ当てはまっちゃってないかい？　偶数階時代の殿方たちがことごとく働かなかった、と言う点に関しては一旦あっちの方に置いておいていただいて。一応プライベートは充実していたわけで。で、奇数階に住みだしてからはお仕事、いただいちゃっております、私。ってなったらさぁ、普段気にしてない私でも気にしちゃいますよ。験《げん》を担《かつ》ぎたくなっちゃう、と言うか。それゆえの「奇数階」なのです。ただこの話を人にすると「いやいや、プライベートこそいいのか～い!?」って百発百中言われちゃいますが。

そして最後、もう一つ。それは「5階以上」。これは夏になると現れるあの虫いるじゃないですか。あの黒くて光ってる、アイツ。時々飛ぶ、アイツ。アイツが心底苦手でして。そのアイツが5階以上はあまり出ないと聞きまして。いや、出ましたよ、7階でも。とは言え6年住んでいて3回だけ。それも部屋の中じゃなくてエレベーター前の通路で2回、ベランダで1回だったので多分何かにくっついて来たのでは？　と。ホントに情けないんですけどね。そんな臆病者の私には「5階以上」は大事な条件なんです。

これだけのたくさんの条件を引っ提げて、7月に入ってすぐ不動産屋さんへ向かいました。ま、9月の上旬退去なのでたっぷり2か月ありますしね。早々と決まっちゃったりなんかしたら、もったいないけど準備もいろいろあるからね。1か月くらいは両方に家賃払うのも致し方ないか。なんて言いながらもニヤニヤ、ワクワクの余裕のよっちゃん状態で不動産屋さんに行ったわけですよ。ただもうね、最初だけ。そんな偉そうにいろんな条件出せたのは最初だけ。実は6月の単独終わった途端にいろんなプロジェクトが次々に動き出しまして。社交ダンス、ヲタ芸、マリンバなどなど。普段のお仕事にプラスでチャレンジするものが色々重なっちゃったんです。そしたら不動産屋さんに行く日がまさかの全然なくて。でなんとか隙間で行っても、今度はなかなかいい物件がなく。何時間も資料見たけど、結局内見1軒、みたいな。となるとですよ、数ある条件、一個ずつ消してきますよね。人間「妥協する」ってこと知っているんですから、ちゃんと。

まず「カウンターキッチン」却下。憧れたけど結局一人暮らしなら必要ないしね。お次は「角部屋」却下。ま、横長の部屋、とかだったら窓も広くなるから、角にこだわらなくてもいっか、と。「広めのLDK」も却下。だって居間のローテーブルがあれば、ダイニングテーブルはいらない。ちゃんと座って書き物などの作業もしたかったけど、今まで通りドトールに行けばいい。よし、だいぶ削ったよ。でも物件が見つからない。ん〜、じゃあ「部屋が壁で区切られていない」も却下。♪おばけなんて ないさ おばけなんて うそさ。47歳、口ずさんでみる。うん、怖くない。あとは「5階以上」も却下。もう太古の昔からいる、アイツ。と言うかアイツの方が地球的にはパイセンだもんね。後から来ておいて、ウダウダうるさかったね。ごめんね、アイツ。

あと残る条件は「広く」「パコ美んちの近く」「奇数階」の3つ。こうなりゃ一気に「パコ美んちの近く」と「奇数階」を却下だ。パコ美と離れたら会いに行けばいい。偶数階に住んで仕事バリバリしている人だって山ほどいる。って言うか昔偶数階でプライベートは充実していた、とは言っても、働かない彼の為にメチャクチャ働いていたわけで。と言う事は結局、仕事運もよかったたってことですよね？

残った条件の「広さ」だって莫大に広いとこって言っているわけじゃない。さあ、どうだ。これだけ譲歩したぞ。って言うかもう条件、なくなったよ。さあ、物件、持ってきやがれ！

……何が悪いのか。それでも絞り出てきた内見物件数は2。どした？　こんなに今、物件空いてない？　そりゃ確かに春先より夏場は引っ越しも少ないだろうから空いている数は少ないだろうけどさ。一応毎回9月に満期が来て引っ越しているんだから、時期的にはいつもの事ですもの。なのになのに、全然ない。

そうこうしている間に引っ越しまで2週間。このままでは、家なき子47歳。同情するなら家をくれ。いや、貸してくれ。続く。

〈今日の乾杯〉バカヤローなヤツですよ。何こんなに丁寧にほぐして、ギューギューに詰め込んでくれちゃってるのよ、カニ。とりあえず白ワインでいただいてるけど、このあとこの空いた殻に熱燗入れてくれちゃうんだってよ。バカヤローでしょ?

引っ越し〈後編〉

ホントに私の引っ越しなんて一回で書くつもりだったのですが。なんだか書き出してみたらなんだかんだ思い出しちゃったりして。気づけば結局第3話。とうとう終わるのでもう少しばかりお付き合いくださいませませ。

さて、物件見つからず、引っ越し予定日2週間前まで来たところまで聞いていただきました。2か月前から動いたのですが、ちょうど仕事が忙しくなってしまい不動産屋さんに行けなかったのは本当に誤算でした。2か月間で不動産屋さんに行けたのはたった2回。しかも条件もうっかり多々ございましたものでね。なかなか該当物件がなく。その2回で行けた内見件数はたったの3軒。それらもあんまりでして。

例えば駅近&新築でとても素敵だったのですが、内見に行くと共有部分である外の廊下にアホみたいに荷物が出ている。エレベーター降りてすぐの部屋の前にはゴルフバッグ。うん、まあそれくらいだったらね。ゴルフ行ったばっかりで汚れているのかな。きっとあとで片付けるよね？　更にその奥の部屋を見ると、傘・キャリーバッグ・靴数足などなど。ん？　ここは廊下も収納なのかな？　そんなの見ちゃうと、こういう所はきっと今後も小さいけど気になることが多々出てくるだろうなぁ、と。でもって却下。

別の1軒は異常に広い部屋なのに安い。何かヤバい物件なのか聞いたら、シンプルに古い物件なんだそう。見に行くと、マンションの入り口のところの草が手でよけないと入っていけない位ボーボー。いやいや、いくら古い物件でも草の手入れは出来ますでしょうよ。ま、そこは一旦スルーして部屋へ。するとちょっと大げさに言っちゃいますけれども……〝床がボコボコ〟。キレイにクリーニングは入っているんですよ。壁とかは新しくなっているんですが、なにせ〝床がボコボコ〟。なんだろ。下に湿気が溜まっているのか、原因はわかりませんが、床のあちこちが歪んでしまっておりまして。床って平らやん？　辞書で引くと「家の中で地面より一段高く、水平に板を張りつけた所」と。ココの床、水平じゃない。ま、そんなわけでこれまた却下。

もうこんなに見つからないと焦りが止まらない。しかもいろんな物件の資料を見すぎたせいで、だんだん家賃とかもわからなくなってきて。「ならもういいや！」と家賃を1・5倍まで吊り上げると、なかなかの新築の高級物件が1件ヒットしまして。しかも新築なので、強気の礼金敷金2か月ずつ。ん〜、でも、背に腹は代えられない。「まずはお友達から」の感覚で、まずは内見から。不動産屋さんの車で現地に向かうと、マンションの入り口に仲介業者の若い男性が。スーツは着ているのですが、なんとも醸し出す空気感がチャラい。不動産屋さんが「車を停めたいのですがどこかありますか?」と聞くと、その若者はこう答えました。「あ、あそこにコインパーあるんで。」……コイン……パー?　え?　コインパーキングの事をコインパーと!?　しかも見せていただいた部屋が、すべての窓から隣人が見えるタイプ。それも普通の声で喋っても話せるくらいの距離ですよ。いやね、昔のドラマや漫画なんかでは憧れましたよ。幼馴染の男の子の部屋とベランダやら屋根やらづたいで行き来するラブストーリー。でももう47だし。それやったら捕まるし。しかもその〝コインパー〟。内見中、すっごいこっちをジロジロ見てきた、と言うのも含めこの物件も却下しました。

ホントはもう1軒候補があったのですが、私より前に内見した不動産屋さんが鍵を持って帰る、と言う珍事件に巻き込まれ見に行けず。結果この3軒の内見のみで引っ越し予定日2週間前まできてしまったのです。

そんなある日、やっと時間が。ラストチャンス。不動産屋さんに朝一で駆け込み、こう言いました。「今日、見つける!　今日、見つかる!」もう頼るのは言霊だけです。呪文のように大きな声で言ってみました。不動産屋さんが提示した内見出来る物件は3軒。ただね引っ越し日がここまで迫ってしまうと、いくら条件が合ってる物件でも「入居予定日10月」とかになってしまうわけで。そんな中で絞りだしていただいた3軒なのです。

まずは1軒目。ここに関しては正直特に不満はなく。ちょっと古いけど、普通にキレイですし。駅も歩いて12分と遠からず。窓から向かいのマンションも見えますが、すごい近いわけでもないので許容範囲。「じゃ、保留で」と次の物件へ。正直そこは3軒の中でも一番ないかなぁ、の物件。ホントに3軒とも例の〝条件たち〟からは遠ざかったものではありましたが、この2軒目が群を抜いてかけ離れていたので。そんな気持ちで入った部屋。ちょうどクリーニング中だったので、まだあちこち汚れていたのですが、奥の窓のところに行くとその目の前の風景がなんとも静かで穏やか。周りには高いビルなどもなく、ただただ広い空が見える。即座に言いました。「ここに住みます。」久しぶりのビビビです。3軒目の内見はキャンセル。ってことで結果また「窓から見える風景」で家、決まりました。

さてさて、そうなると早速引っ越し準備。引っ越し屋さんには〝転居先未定〟で日時だけ事前に予約してありまして。急きょ見積もりを出しにウチに来ていただき、大量の段ボールを渡され。「よし！　頑張るぞ！」そう気合を入れた矢先の朝突然、3年ぶりの、ぎっくり腰。急によ。朝シャワー浴びて足を拭こうと背中を丸めた途端、急に。しかもその数日前から初の膀胱炎にもなり、あさこの下半身ボロボロ。

しかもウチにある荷物の過半数が重くてですね。そうなんです。ほとんどが酒瓶と食器と本。となるとですよ。パッキングがキツイ。腰をかばいながらなんとか段ボール箱を下に置き、破損しないことを祈りながら、唸り声を上げて箱に落とし投げ入れる。その繰り返し。

そんなこんなで最後まで試練だらけでしたが、なんとか無事に引っ越しできました。
6年間住んだ家。遠くに小さく見える東京タワーも、遠くに小さく見える富士山も大好きでした。最後部屋を出る時自然に出た「ありがとなぁ」。ちょっと桑田佳祐さん風になったのはここだけのお話。

〈今日の乾杯〉妹からの引っ越し祝いは、純米吟醸「澤乃井 東京蔵人」＆缶入り柿の種。シンプルであり、最高のプレゼント。よくわかってるぜ、妹よ。お姉ちゃんは新たな地で酒をあおるぞよ。ありがとう。

社交ダンス〈前編〉

先日「ヒルナンデス！」でオンエアになりました社交ダンス企画。トレンディエンジェル斎藤氏とのペアでC級ラテンの大会に参加させていただきまして。なんとかなんとかの第3位で無事に企画が終了いたしました。

今回のお相手・斎藤さんは大学時代にキャワユイ女子が社交ダンス部の勧誘をしていたそうで。その子目当てで部に入ってモダンを2か月ほどやったのですが、大会の朝にまさかの寝坊。急いで行けばいいものをトンズラして、そのままフェードアウトで部活に行かなくなった、と言うなかなかの面白エピソードの持ち主。しかも今回はモダンではなくラテンなので、もう「社交ダンス初めて」と言っても過言ではない感じ。そして私も前回から4年という年月を重ね、年齢と共にしっかりと体重も重ね。そんな2人でC級ラテンに挑戦なんて、正直クレイジーだと思いましたよ。だって前回のオリエンタルラジオ中田のあっちゃんとのペアの時は、結局半年ちかくの時間をかけて3回も大会に出場して。それだけやってなんとかD級ラテンで準優勝出来たくらいですから。それより上の級をこんな2人で挑戦ですもの。しかも今までは〝サンバ〟〝ルンバ〟の2種目でしたが、C級からはそこに〝チャチャチャ〟

が加わり3種目に。そりゃあ「いやいやいやいやいや」って半笑い&苦笑いしちゃいますわよ。どんだけ頑張ればそのレベルに行くのか考えただけでゾッとしちゃいますわよ。しかもしかも〝期間3か月〟とは言っておりましたが、その間に私は3週間海外ロケ・イッテQヲタ芸合宿・24時間テレビのマリンバ合宿などなどがあり半分近くいない。斎藤さんも海外ロケがあったり、月9の撮影が始まったり、とお互いなかなか時間がない事はわかっていたので不安も倍増。実質1か月半あるかないか。もう科学の力（＝栄養ドリンク）と医学の力（＝マッサージやら鍼やら）とアラフォーの底力と。ありとあらゆる力を使いまくって「がんばるんば」するのみです。

とにもかくにも隙間があれば稽古をいれまくりました。特に8月のスケジュール帳は今見返しても笑っちゃう。仕事以外で空いているところにはダンス、ダンス、マリンバ、ダンス、マリンバ、マリンバ、ダンス、マリンバ……。もうね、ここまで来たら自分のことを仕事終わりに習い事をいろいろ入れている〝自分磨きのOLさん〟だと思う事にしておりました。「今日は朝から仕事前に自分磨きしてきたの♪」「え？　この後？　自分磨き！」もうこうでも言ってないとババア、パンクしちゃいます。

それにしてもよく聞かれました。「あっちゃんと斎藤さん。どっちがいい？」的なヤツ。でも私はそのたびにこう答えておりました。「前の男とは比べない事にしている。だって、違う男とゼロから始めているんだから」と。……なんか、ごめんなさい。イイ女感、出したいのよ、時には。でもね、ホントに2人は全然違いました。あっちゃんがフェミニストなら、斎藤さんはナルシスト。あっちゃんがストイックで、斎藤さんはビッグマウス、みたいな。一人目の男・あっちゃんは黙々とレッスンをして、妥協もしない。踊っている時も私の動きをよく見ながら、丁寧にフォローしてくれた。とにかく真面目な男でした。一方、二人目の男・斎藤さんは遅刻ばっかりするし、鏡があると踊っている時でも鏡の中の自分を見ちゃう。カワイイ女子がレッスンに来ていたら、踊りながらでもつい目を奪われる。そのくせ最初から「優勝しか意味がない」とか言っちゃう。ってそれだけ聞くとダメダメ男ですが、その軽さ、明るさがいつも稽古場に笑いをもたらすと言うか。特にダンスの二ツ森亨先生は笑い過ぎて、よく泣きながら動けなくなっちゃっていたくらい。とにかく楽しかった。なぁんて結局企画が終わった途端、男たちを比べてみちゃっておりますが。何はともあれ本当にどっちがいいとかそういう事ではなく。どちらも素晴らしき、そして一生懸命な男であったわけです。ホントに。

そして今回も悲鳴をあげたのが、腰をはじめとするババアの下半身。7年前に腰の骨を折ってから、腰がすぐ痛くなりがち。ぎっくり腰も何度も経験済み。あと股関節。20代の頃、うっかりミュージカルスターを目指してダンスレッスンに明け暮れておりまして。その際に無理な柔軟運動をし過ぎたからかな。整骨院の先生に「いとうさんは股関節がガバガバです」と。股関節が、ガバガバ？　なんか響きがよくなくなくなくな〜い？　ま、要は股関節をつないでいる筋がビロビロにのびちゃっているようで。たしかに何回もその筋を切ってしまって、お医者さんに通っていましたもの。やっぱり幼少期からダンスやっている人とは違いますからね。体が硬くなった大人になってから始めているから仕方ないんですけどね。足首も同じ。クラシックバレエでトゥシューズを履く為に足首を伸ばしまくりまして。そのせいで足首の関節がユルユルに。しかも年々増えていく体重。ユルユルで支える68kg。辛かろうに。ごめんね、足首ちゃん。

あらやだ。「BOROBOROババアStory」の途中でお時間が来てしまいました。次回はこのボロボロ話の続きから。お楽しみに……していただけますでしょうか？

〈今日の乾杯〉秋刀魚と茄子の肝醤油焼き。秋刀魚も茄子も超美味しいけど、なんてったって、このたっぷりの肝が最高。お箸の先にちょいとつけて、ガブガブ日本酒。いつものパターン。

社交ダンス〈後編〉

前回は〝他人が聞いても面白くない話ナンバーワン〟の呼び声高き〝怪我自慢〟の途中で終わりまして……そうです。〝途中〟なんです。というわけで今回も〝あさこの下半身のダメージたち〟の続きからスタート。もう少々お付き合いをば。

舞台の専門学校時代にもなかなかのヤツが。卒業公演でアンデルセン童話「雪の女王」を基にしたオリジナルミュージカルをやりまして。これはヒロインの少女ゲルダが雪の女王に連れ去られた少年カイを探しに行く物語。そのゲルダと一緒に旅をするのが「オズの魔法使い」のようなお供のずっこけ三人組。〝辞書〟〝時計〟〝バラの精〟。実はこの〝バラの精〟が私の役。ま、響きがかなり可憐ではありますが、〝トゲでチクリ〟くらいしか出来ない役立たず。でも言うても〝バラの精〟ですから。華麗にバレエチックな動きをするわけですよ。ただどうしても筋肉質で強めなボディを持ち合わさせていただいております私には稽古中、先生から数々のダメ出しが。「もっと可憐に！」「柔らかさが足りない！」更にフワリと跳んだ時の着地について「地面に着くまでつま先をちゃんと伸ばして！　そしてつま先から丁寧に降りる！」というご注意を。今ならわかりますよ、この感じ。でもまだダンス始めて間もない頃ですから。アホがつくほど真面目につま先を伸ばすわけですよ。しかも〝地面に着くまで〟と言うより〝そのまま着地〟で。ええ、ええ。つま先、地面にぶっ刺さりますよね。そしたら、指、やべぇですよね。か弱き足の指に信じられない圧、かかりますよね。その結果、左足の中指、脱臼。靴脱いだら見事に足の指が一本、劇的に短くなっておりました。半べそかいて足引きずりながら一人で救急の病院にかけこんだ、あの寒い冬の夕方の事、忘れない。

そんな数々の苦難を乗り越えてきた私の下半身。今回の社交ダンス稽古中にもちゃんと苦難は待っておりました。前回の引っ越しのところにもちょいと書きましたが、今回の苦難はいっぺんに〝膀胱炎〟と〝ぎっくり腰〟がやってきたこと。まず膀胱炎。今までなったことは一度もなく。ある日、急におしっこちゃんの最後に「んぬぁぁぁぁあっ！」と声が出ちゃうような痛みと言うかモゾモゾ感と言うかがありまして。そして異常なまでの残尿感。それを文化放送「大竹まこと ゴールデンラジオ！」のオープニングで話すと全国の皆さんから「それ膀胱炎ですよ」のメールが。ありがとう。これが膀胱炎なのですね。ただしばしバタバタで病院に行けず「んぬあっ」の日々を過ごしておりましたが、一週間後ようやく病院へ。初の泌尿器科。かなりのどっきりんちょでしたが、待合室は意外にも女性が多く。ホッ。そして受付と共にお姉さんからスッと渡された紙コップ。そうです、尿検査です。トイレにてもれなく例の雄叫びをあげながら採尿すること数分後。「膀胱炎です」との診断。聞くところによるとオマタの温度は通常38℃くらいだそうで。それが冷房とかで冷えて36℃に。実はその36℃。菌が一番喜ぶ温度で。しかも女性はオマタちゃんが冷えやすく、なんと膀胱炎で病院に来た患者さんの8割が女性らしい。どうも、8割です。お医者さんから処方していただいたお薬を飲むと、あれよあれよと言う間に「んぬあっ」地獄から解放。お医者、すげぇ。

やっと通常生活に戻りつつあった、とある朝。その日も朝早くから社交ダンスの稽古があったので、体を起こすべく朝6時過ぎに熱いシャワーを。そしてお風呂場から出てきた時に事件が。以前ぎっくり腰をやってから下にかがむのが怖く、洗面台にのっけて右足をタオルで拭こうとしたその時!! ピッキーン!!……あれ? 体が、動かないよ。ついついいっこく堂さん風になっちゃいましたが、かなり覚えのある痛みが右腰に走りまして。やって来ました、ぎっくりちゃんです。忘れもしない時刻6時32分。あさこ、早朝丸裸で、片足洗面台。まいっちんぐ。ただね、この時脳裏をよぎったのは「どうしよう、ぎっくり」ではなく「どうしよう、オマタが冷える」。やっと治った膀胱炎への恐怖でした。だって、オマタ冷やしたら、温度が36℃になったら、また「んぬあっ」がやって来る。そう、オマタを守らねば。ゆっくり両手で抱えながら、なんとか右足を洗面台から下ろし。元気な左足一本で近くに干していた洗濯物たちの方へにじり寄る。精一杯手を伸ばしておもむろにおパンツさんを一枚引き抜く。でも腰が痛いから普通には穿けない。あさこちゃんは考えました。まずおパンツをそっと下に落とす。ちゃんと足を通すところが見えるように。そしてまた両手でちょっと浮かせて右足を片方の穴へ。更に元気な左足ももう片方の穴へ。でもここからどうしよう。キョロキョロ、キョロキョロキョロ。あ！　もうこれは神のお助けとしか言いようがない。お風呂場のすぐ横が玄関で。そこで前日が雨だった為、濡れた傘を干しておりまして。その傘を手元まで引き寄せ、柄の部分を下に向ける。あの傘の柄の〝J〟のところをなんとかおパンツに引っ掛ける。ここまで来たら100万馬力。ゆっくり上まで引き上げる。装着完了、オマタ、あったか。

そんなボロボロBBAのわたくしと初心者おじさん・斎藤さんのペアを大会当日、笑顔とかけ声で応援してくれたヒルナンデス火曜メンバー。そしておそらくご家族かお友達の応援でいらしているのにもかかわらず、うちらに惜しみない声援をくださった会場のたくさんの皆々様。もちろんテレビの前で観ていてくださった方々も。本当にありがとうございました。おかげさまで正直最初は決勝までは無理。準決勝もどうだろう、と思っていたダメダメペアが3位に。そしてそしてその3位と言う結果を「悔しい」と思うところまでもってきてくださった二ツ森亨先生・由美先生には感謝しかありません。お忙しい中、どれだけ大量の時間を割いて、根気よく教えてくださったことか。もう〝ありがとう〟じゃ全然足りないけど、他に言葉がないから。いっぱいいっぱいありがとうございました、です。

そんなこんなで長かったのか短かったのか、終わった今ではピンときませんが、なんとか社交ダンスの挑戦は終わりました。辛かったけど、楽しかったなぁ。本当に本当に本当に本当にありがとうございました。

え？　今回のコラムのタイトルは「社交ダンス」じゃなくて「下半身」じゃないかって？　いいえ、「社交ダンス」で。


〈今日の乾杯〉大好きなアカシアのロールキャベツシチュー。しばらく工事でお休みだった羽田空港店がこないだ行ったらあいていて。速攻ビールと共に。ここは美味しいのは勿論のこと、お店の方がアホほど感じ良くて。更に美味しくなる。

欲浅物語

ワタクシが所属しております劇団・山田ジャパンは２００８年からスタートしまして。来年はとうとう10周年です。そんなワクワクが止まらないこの秋、久しぶりの本公演がございました。今回のタイトルは「欲浅物語」。田舎で工場勤めをする無欲の塊、素子。彼女は物心ついた時には〝欲〟を捨てていた。理由は父親が犯罪者だったから。小さい時から〝申し訳ない存在〟として何も欲さず、求めず生きてきた。ある日東京から工場にやって来た短期バイトの青年たちと触れ合うことで、ずっと抑えていた〝欲〟が大爆発。田舎を飛び出し、東京でブイブイ言わす〝業突《ごうつ》くババア〟に。そんな素子のお話。

　私の役はその〝業突くババア〟になってからの素子。実はこの素子役は二人おりまして。無欲時代の素子（25歳）はトミタ栞ちゃん。23歳のカワイコちゃん。そしてその15年後の欲まみれ時代の素子（40歳）をわたくしが。ええ、ええ。言いたいことはわかりますよ。全然違うじゃないか、と。並んだら顔も体の大きさも半分じゃねぇか、と。私だってキャスティング聞いた瞬間、震えあがりましたよ。ただね、台詞にもあったのですが「時が経てば形も変わる」という事でね。どうか受け入れてくださいませませ。

さてさてこの中年素子。すべてが華やか。なにせ〝業突くババア〟ですから。仕事も流行りを仕掛ける系イベントの制作をバリバリやっていて。洋服ももちろん派手だし、アクセサリーもジャラジャラ。真っ赤なルージュに真っ赤なマニキュア。周りにいる友人たちも素子に花を添える。港区で何軒もお店経営している子や、若い女子が憧れるコーチングワークショップの美人先生。老舗の財閥の御曹司もいれば、若手の俳優さんを囲っていたりもする。ただね、華やかなら華やかなほど、逆に素子が哀しく切なく映る。いろんな〝鎧〟を纏《まと》いまくってふんばるけど、結局強いのは外側だけだから。そのバカみたいに鎧をつけた状態で15年ぶりに地元へ帰ると、昔の仲間が死ぬほど優しい笑顔で一言言うんです。「よく頑張ったね」と。素子、泣き崩れる、の巻。

今回は〝欲〟についていろいろ考えました。今まで〝欲が深い〟ってどこか悪のような感じがしていたけれど、悪いどころか当たり前の事なのかなぁ、と。だって「寝たい」「食べたい」など基本的なものは絶対だし、「どこか旅したい」「服が欲しい」とか。宝くじ買って「大金持ちになりたい」って人もいる。人それぞれだとは思いますが、大なり小なり〝欲〟は果てしない。でもそういった欲がエネルギーになってバリバリ働けたり、いろいろ動けたりすることもありますし。はい、もう認めます。私は欲深人間でございます。仕事も好きだし、美味しいお酒も飲みたい。東海道新幹線乗ったら絶対に富士山見たいし。いやはや、欲まみれです。

そんなわたくし、この公演中もいろんな欲が生まれましたよ。題してあさこの「欲深物語」。

例えば「混雑避けたい」欲。実は今回劇場が渋谷のど真ん中でして。しかもうっかりハロウィンともろ被り。以前テレビで見たほどではなかったけど、とにかくかなりの人、人、人。舞台終わって劇場から出てくると血だらけの人が大量にウロウロしているという。元々混んでいる所が苦手な上に、ハロウィンにいまだ馴染まぬ昭和のオンナ。なんとかこの混雑から逃げなくては。するとある日、駅と逆方面・道玄坂の上に上ってみるといろんなバスが走っていることを発見いたしまして。その中にウチ方面のバスが。神様ありがとう。奇跡に感謝。この欲、あっという間に成仏です。

すると次の欲が。それはそのバスに向かう坂の途中に待っておりました。それは「レバニラ食べたい」欲。なんと坂の中腹に私の愛する「餃子の王将」がありまして。お店を見つけた瞬間、心が叫んだんです。「あ〜、レバニラ食べたい。」あの「あ〜、柴漬け食べたい」と一緒の感じで。おそらく連日のハードな舞台に47歳のボディは限界だったんでしょうね。レバー、ニラ、ニンニク。翌日のニオイなんてどうでもいい。体がパワーをがむしゃらに欲したんです。一心不乱に連日レバニラと餃子をかっ込んで帰っておりました。

ただわたくしもオンナですもの。ちゃんと女子っぽい欲もありましたよ。「爪伸ばしたい」欲。……なんじゃそりゃ、ですよね。実はこの年にもなって大変お恥ずかしいのですが、爪噛む癖、バリバリ現役なんですよ。もう噛み歴長すぎて、今や爪切り使ったくらいキレイに爪揃うんですけどね。ただ普段はそんなに噛まないのですが、ネタ考えなきゃ、とか、台詞覚えなきゃ、とか。頭使う時に気づいたら噛んでた、みたいな。逆に私が爪伸びている時はゆっくりとした毎日を過ごしている、って事なのですが。で今回台詞がなかなか多かったのもありまして、もれなく爪は噛み切られ短く。しかも爪自体が結構大きめ。そうするとね、先ほど書きましたが真っ赤なマニキュア塗るじゃないですか。あんまりなんですよねぇ。指先が繊細じゃない感じ。どこか男らしいというか。しかも悲しいかな、マニキュアを塗り慣れていない47歳。爪の周りの皮膚にも赤いのが付いちゃったりして。ああ、オンナ、失格。でもですね、カワイイとこもあるんですよ。マニキュア塗っていると、指の動きが変わってくるんですよ。お財布から小銭出す時とか、携帯いじる時とか。自然と所作が女らしくなりまして。小指なんか立てちゃったりして。はい、オンナ、復活。こんな自分、キライじゃない。ウフフ。

そんな欲まみれあさこは、今日もいろんな欲をむさぼります。まずは……「美味しいアイスコーヒー飲みたい」欲かな。ではいざコンビニへ。

〈今日の乾杯〉舞台が終わって最初に食べたご馳走。焼いた肉厚のかますに、山椒とおろしを添えて。大久保さんと行ったお寿司屋さんにて。日本酒が、ゆっくり沁みる。

不器用

昔から自分は器用な方だと思って生きてきました。と言うのも小さい頃から「あさこちゃんは器用だねぇ」とよく言われていたからです。

例えば隣に住んでいた祖母が洋裁のお仕事をしていたので、よくその作業場に潜りこみまして。針の穴が見えにくくなってきた祖母に代わってヒョイヒョイ針に糸を通していると例の台詞を言われるわけです。「あーちゃんは器用だねぇ」と。

その祖母に買い物なんか頼まれちゃったりしますとね。だいたい「おつりで何か好きな物買っていいわよ」と言われるので帰り道、ホクホク文房具屋さんに立ち寄りまして。100円前後のおつりを握りしめて何がいいか選ぶわけです。買ったもので一番覚えているのはカラフルな7色の蠟《ロウ》。わかりますかね？　長さ10センチ弱の細い7色の蠟が、クレヨンみたいに入っていて。ただ遊び方もよくわからないし、なんかもったいなくて、ずっと机の引き出しにしまっておりました。結局高2の夏、暑さで溶けて引き出しの中がベトベトになると言う最悪の結末を迎え、捨ててしまいましたが。他にもかわいいメモ帳とか鉛筆とか。買い物の度に〝釣銭ショッピング〟させていただいておりました。ま、そんな要領のよさもある意味〝器用〟なのかな、と。

　そんな祖母の影響か手芸は得意な方でして。細かい布をたくさん持ってきてパッチワークって言うんですか。縫い合わせていくのも好きでした。あ、縫い合わせるで思い出しましたがちっちゃい時に５００円札をものすごく細かくビリビリに破き、そしてもう一度パズルのように完璧に並べ直しまして。それをセロテープでくっつけて、そのまま部屋の扉に貼りつける、と言う謎の行動をした事があります。もちろんアホみたいに怒られましたけれども。あ、よいこは真似しないでくださいね。

　あとこんがらがっちゃったネックレスとかチャチャッとほどいちゃったりもしていました。人生ゲームでちょっと人生うまくいかなくなるとぶち切れる短気な子でしたが、そういうのは果敢にチャレンジ。楽しくほどいてきました。

　そんなこんなで自分はどちらかと言うと器用だという意識があったんですね。それが先日ハッキリ言われたんですよ。「不器用だねぇ」と。

　以前からそうなのですが、舞台やらドラマやらで台詞を覚えなきゃいけない時。そういう時に、新聞など台本以外の文字が一切読めなくなっちゃうんです。と言うのも他の文字を見たら台詞の文字が消えちゃう気がすると言うか。ちょっとドラえもんの名アイテム「アンキパン」みたいな感じなのかなぁ。面で文字を頭に入れるというか。あ、アンキパンって食べ過ぎるとお腹壊しちゃうじゃないですか。それでのび太くん、本番真っ白だった、みたいな。同じく台本以外の文字まで入れると、入れ過ぎでお腹壊しちゃうイメージ。しかもその感覚はセリフも全部入って、更には本番入っても消えなくて。だから稽古が始まってから本番が終わるまでの1か月半くらいは新聞や雑誌が読めないんです。

その話を先日の山田ジャパン公演を見に来てくれた友達にしたら「不器用だねぇ」としみじみ言われたのです。ホントだ。私、不器用かも。となると色々思い当たる節もある。例えばこないだまでハマっていたセブンイレブンのキノコのサラダがありまして。葉っぱの上に玉ねぎと炒めたキノコが。しかもそのセットのドレッシングが美味い。塩味、酸味が弱く、うま味が強い感じ。実は数年前ドレッシングにハマって通ったイタリアンのお店がありまして。そのドレッシングが美味しすぎて、最終的にはそれを舐めてワイン飲んじゃっていたほど。そこのドレッシングに味が似ているのです。毎日のように買っていたそのセブンイレブンのサラダ。それがキノコの季節が終わったんですかねぇ。ある日ウキウキ買いに行ったら、もう終わっちゃったようで。なら他のサラダを買えばいいのですが、口がいったん〝あの〟味になっちゃっているから。もう他の味じゃピンとこないのです。で、しばらくサラダ売り場の前で立ち尽くして。そのまま気持ちを上手に切り替えられずトボトボと帰るという。ああ、47なのに。

こないだ地方ロケがありまして。朝早くから撮影という事で前日の夜に現地のホテルへ。その時はなんだかいろんな仕事が重なっていて割とクタクタ夕子さん状態だった私。でもまあパッとひとっ風呂浴びるか、と服を脱いだのですが、あとおパンツ一枚のところで疲れが勝ちまして。いったんベッドで一休み。ただパンイチおばさん、何もせずゴロゴロしていたら寝ちゃうと思って、翌日のロケ台本を読むことに。一通り読んだところで「さてと、とうとうお風呂入るか」と起き上がり台本を机にポンッと置こうとした時のこと。もう距離感がわからないのかな。お胸の突先あるじゃないですか。私は〝トップ・オブ・あさこ〟と呼んでいるところですが。ええそうです。突先です。その左の方をね、台本でね、シュッとね。シュッと。切っちゃったんです。そんなとこ切ったことある方いらっしゃいます？　突先ですよ？　あまりに痛くて思わず左乳を押さえ込みまして。ゆっくり手を開くとポツッ、ポツッと血が。ああ、乳も出したことないのに、突先から血が出てる。と言うか突先にも血管あるのね。新発見。そんなこと言ってる場合じゃないけれども。ニップレス以外で突先に絆創膏を貼る日がくるなんて。

高倉健さんの「自分、不器用ですから」はカッコいいけど、私の不器用は全体的に何か物悲しい。と言うかもう器用不器用とかじゃなくて、単に〝衰えがとまらない〟って感じがしてきたぞ。

♪アイ　キャン　ストップ　ザ　ロンリネ〜ス
こ〜らえきれ〜ず　衰えがぁ〜と〜ま〜らな〜ぃ〜
　がんばれ、私。

〈今日の乾杯〉博多の空港内のお寿司屋さんにて。郷土料理〝ごまさば〟。脂ののりまくったサバにタレとたっぷりのゴマ。これにお酒の名前も〝一本〆〟。なんか最高の仕事終わりですわぁ。

乾きもの

私は乾きものがあまり好きではありません。いやね、食べたら美味しいんですよ。それはわかっているんです。だってそう書いているそばから、今ちょうど横にいる森三中のムーさん（村上）が「食べる？」と差し出してくれた〝イカ天れもん味〟と言ういかにもビールに合いそうなスナックが止まらなくなっているんですから。でもね、自分が乾いているからなのかな。基本、ビショビショのものが好きなんですよねぇ。例えばミックスナッツより枝豆。スルメより塩辛。ピザよりパスタ、みたいな。なんとなく伝わりますでしょうか？　より水分があるものについつい手がいっちゃうんです。

そんなわけで私はこんなにも水分を欲しているのに、この〝冬〟と言う季節は容赦なく空気をカラカラにする。しかも今の家の乾燥っぷりったらありゃしない。日々、「喉がいつも以上にガサガサする」とか「なんか鼻の中がカッピカピ」など、なんとなく乾燥は感じておりました。それもそのはず。ふと部屋にある湿度計を見たら〝LL〟と言う見たことのない表示が出ておりまして。調べてみると湿度が20％以下になると出る表示だそう。でも何故〝L〟じゃなくて〝LL〟なんだろう？「LOWの中のLOW！」って感じなのかしら。ま、何はともあれ乾いているのです。慌てて加湿器のスイッチを入れる。乾燥を意味する赤いランプも数時間すると、青くなりまして。湿度も〝56%〟の表示に。ホッとして湿度計を見る。あれ？　まさかのまだ〝LL〟のまま。もう一度加湿器を見る。「更に湿度、足しときました」顔で1%上がって〝57%〟に。ああ、どっちがウソをついているの？　湿気は見えないからわからないよ。じゃあせめて鼻周りだけでも、と濡れマスクを装着して応急処置。

そんなカサカサの中、心も乾いているのかも。先日超イライラしてしまったお話。仕事から帰ってきて乗り込んだうちのマンションのエレベーターにて事件は起こりました。まず私ともう一人おばちゃまがエレベーターの奥に。更に若いカップルちゃんが扉のすぐ両脇に乗りました。そのカップルちゃんはエレベーターの扉が閉まった途端にイチャイチャ。ま、正確にはイチャイチャ、と言うより男の方がちょっかい出して彼女の方が「いいから」とうっとおしそうにする感じのヤツ。結果イチャイチャ、のヤツ。

その詳細を申しますと、男は手に持っていた家の鍵と思われるもので彼女の胸の谷間辺りをツンツンしたり、グリグリし始めまして。彼女が「何すんのよぉ」とか言ってそれを手で払うが、彼はまったく止める気配なし。彼女が「ホントにやめて！」と強めに言うと彼は一言こう言いました。「お前の心の鍵、開けてんの。」……ん？……聞き間違えちゃったみたい、台詞、今の。やっぱり、聞き間違いじゃや、なかったのかな……なんて、まるで「私をスキーに連れてって」で三上博史さんが知世ちゃんに告白したあの名場面風のセリフが頭に浮かぶ。

結局、彼女が彼のスネをひと蹴りしてそのやり取りは終了。すると彼はおもむろに彼女の持っていた買い物袋を「あ、俺持つよ」と。ここだけ見ると〝彼女想いの彼氏〟となりますが、そのタイミングの悪さよ。その「持つよ」のタイミングで「もう一人のおばちゃま、エレベーターを降りる」の巻、だったんです。袋を扉の右と左、神社だったら風神雷神の位置関係で受け渡ししているわけですよ。となると必然扉の前、ふさいじゃいますよね。その瞬間、ピンポーン。おばちゃんが降りる階に到着。扉が開く。普通だったら降りる人がいるのを察して「あ、すいません！」じゃないですか？　最悪そこまで気づいていなかったとしても、せめて「すいません」があれば許すとしましょう。ただね。ないんですよ、「すいません」が。それどころか彼女の指にレジ袋の取っ手部分が絡まっちゃって、なかなか抜けない。それを「ほら。大丈夫だから。よこしな。」みたいな。いやさぁ、人前で堂々と横切らせていいのはゴールテープくらいじゃない？　今、扉の前横切ってるのはでっかいレジ袋だから。降りたいおばちゃん、立ち往生してるから。そんな中なんとか彼女の指に絡んでいる袋を取り上げて、嬉しそうに袋を持った彼。何故かおばちゃんが申し訳なさそうに二人の間を通って降りた。

そんなバカな。二人の世界に他の人間は見えてないのかな？　って言うか、どこのスーパーで買ったか知らないけど、よく考えたらずいぶん彼女に袋を持たせた上での「持つよ」じゃない？　彼女に重たい物を持たせたくないならスーパーで会計済ませて、袋に詰めた時点で持てばいいじゃない。そこからずっと彼女に持たせて、もうあと数秒で自宅と言うエレベーターの終盤で「持つよ」って。

さあ、お次はカンカンになっているワタクシが降りる番。よし。あんなに腰を低くして降りたおばちゃんの無念、私が晴らしてやるわ。扉が開いて二人の間をすり抜ける時、すごいよ私。無視してやった。いつも誰かとエレベーターで一緒になると「おやすみなさい」とか「失礼します」とか挨拶して降りる私が、無視してやったよ。へへぇーんだ。……ええ、ええ。わかっておりますよ。無視されてるのはこっちですよね。あの二人には〝カンカン感〟出しながら〝無視〟して降りた私のことなんて、どうせ見えてないんだから。くーっ。

そのイライラのまま部屋に入り、また湿度計が〝LL〟で加湿器が〝52％〟とお互いの湿度の主張を曲げないのを見て更にイライラ。「ああ！　潤いを体内に！」とよく冷えた缶ビールをガブガブ。何本もガブガブ。あ、これでまた明日の朝、カラカラに喉渇いちゃってるんだろうな。ま、その渇きだけは許すとしよう。ガブガブ。

〈今日の乾杯〉メニューに〝かきグラタン〟と出ていたので普通に牡蠣グラタンだと思って

いたら、まさかの柿の器に入った牡蠣グラタン。柿のほんのりとした甘みと、たっぷり刻んで入っている牡蠣のコクで延々お酒イケるやつ。

あさこ様は、取り扱い注意2017

クリスマスは何の疑問も躊躇もなく、仕事終わりでまっすぐ大久保さん宅へ。愛犬・パコ美に可愛いリボンの付いたクッキーを「サンタさんからだよ」と言いながらプレゼントしたのが唯一のクリスマス感で、あとはまあ普通に、なんて思っておりましたが、スーパーで買ったお惣菜はいつもと同じなのに蓋のところに「メリークリスマス」と書いてあるシールが貼ってあったり。いつもよりチキン売り場が広くなっていたもんで、ついついスモークターキーなんて洒落たモンも買っちゃったり。で、なんだかんだで乾杯はシャンパン出してきちゃったりしましたもんでね。そこそこクリスマスらしいクリスマスを過ごしちゃった2017年もとうとう終わろうとしております。

今年は本当に〝いとうあさこ〟の取り扱いが大変でした。だって、とても壊れやすいんですもの。なんて書くと、なんだか繊細な感じしません？　ガラスのハート的な。でもね、もちろんそう言う壊れやすさじゃなくて。おわかりですよね？　そうです。壊れやすいのは心じゃなくて、体。47歳はもう、いつ壊れてもおかしくない程、あちこち衰えが止まらないのです。

例えばこないだ喉がイガイガしたのでペットボトルの水を飲んだら、その水が気管に入ってむせ返ると言う地獄を味わいまして。もう喉の弁がバカになっちゃっているんでしょうね。日々、気管に異物が入ってくる。何にもしていないボーッとしている時に急にツバが気管に入り込み、静寂からパニックタイムに突入することなんて日常茶飯事です。

あと先日コンビニに行きまして。お会計の時、レジで店員さんに「レシートご入用ですか？」と聞かれたので「大丈夫です」と答えながら、気づいたら右手を出していた。「頂戴」の手、出していた。そうなると向こうも渡すべきか渡さぬべきか、ただただ戸惑うばかり。「あ、えっと、じゃ、じゃあ、ください」とその出しちゃった手でレシートをもらって、逃げ帰った。ああ、ごめんなさい。

それからもう記憶の方もヤバい。本当に覚えられないんです。先日も「ヒルナンデス！」金曜日の名物コーナー〝3色ショッピング〟（最初に3色の色を決められて、予算内で他の人とかぶらない色の洋服を選んでゲットするお買い物ゲーム）に曜日シャッフルで出していただきまして。山里さんの「何色の何？」が生で聞けると超ワクワクしながら参加したのですが、事件はスタートしてすぐに起こりました。なんと……3色が覚えられない。もう致命的です。そんな事あります？　例えば指定された3色が黒と灰色と緑だとしましょうよ。黒に目星を付けて洋服を探しているのですが、他の人とかぶったら負けなので一応他の色も探してみようと思ったりして。そこで「……えっとぉ」となるのです。スタッフさんに「あのぉ、黒と、あと2色なんでしたっけ？」と聞くと、最初のうちはニコニコ「グレーと緑ですよ」なんて教えてくださっていたのですが、それが何回も聞くもんだからだんだん恐ろしいものを見るような目になっていく。しかも現場が〝ラフォーレ原宿〟と言う若い子の国の洋服屋さん。だからどこを見ても同じ〝若い子の服〟に見えて（言い訳）同じフロアを1周しても気づかなくてね。また新鮮な気持ちで最初に入ったお店で「これいいですねぇ」なんて言いながら洋服見ちゃったりして。そうするとスタッフさんが申し訳なさそうに「あさこさん、このお店2回目ですよ」と。ああ、申し訳ないのは私の方です。しかもラフォーレ原宿はフロアが1階、1・5階、2階、2・5階みたいな感じ。最初は数段の階段を使って各階を移動していたのですが、途中でちゃんと膝がズキンって痛みで「もう無理です」をお知らせしてくるもんだから、最終的には諦めて1つのフロアに居座ったりして。

そんなヨワヨワあさこちゃんに何故か今年はいろんな課題（それを私は〝習い事〟と言っておりましたが）が課せられました。最初は単独ライブの為に半年、お琴を習っておりまして。これはまあ自分で通った〝本当の〟習い事ですが、単独ライブが終わった翌日からヲタ芸、社交ダンス、マリンバなどなど、稽古がアホみたいに必要な企画が次々にやってきて。実はこれを書いている今も新年O.A.の「イッテQ！」でやるファンカッションと言う太鼓の猛稽古中。だから腕がパンパンのパン子さん状態なのでございます。

その課題の中でも今年はダンスが本当に多かった。単独ライブから踊ってない日がないと言っても過言ではないくらい。大小含めて今年の後半だけで7〜8曲踊ったんじゃないかしら。中でも忘れられないのが先日踊った欅坂46ちゃんの「風に吹かれても」。番組でコラボと申しますか。欅ちゃんの中にこっそり一人ババアが紛れ込ませていただきまして。曲の中盤くらいでガッツリ前に出てきてネタ晴らしなんですが、一応最初から踊っておりまして。だからよく見ると中盤までも端っこの方にチョコチョコ映り込んでいるんですよ。そしたらそれに気づいた方の書き込みが「ハゲがいるなぁ、と思ったらいとうあさこだった」と。ハ、ハ、ハゲ!?　たしかに髪の毛全部後ろに流しておでこ全開ですけど。たしかに生え際の薄毛感は否めないですけど。うん、まあ、受け入れましょう。

そんな〝あちこち衰えあさこ〟の来年は、生まれた年を合わせると5回目の年女。自分の体とたっぷり話し合いをしながら、ますますふんばります。どうぞよろしくお願いいたします。よいお年を。

〈今日の乾杯〉つきだしでトマト。シンプルな分、甘味・酸味・旨味が素晴らしい、自慢のヤツを出してきやがった。ああ、つきだしだからビールですが、早速日本酒に変えるかな。

ベトナム酒旅〈前編〉

新年明けてすぐ。昨年と同じフジテレビの生放送にて、〝双子座×戌年×AB型が576位中479位〟と言うことと、〝もともとモテない星〟の下に生まれた（らしい）私が「やっと昨年から異性との運が開いている。そしてそれが今年の6月いっぱいで閉じる。」と言う宣告を受け、2017年の仕事納めといたしました。その後1日は自宅で後輩と新年会。2日は実家で新年会。3日は大久保さんの実家で新年会。と言う毎年恒例の新年会ルーティーンを経て、4日からお楽しみの正月旅行に行ってまいりました。お相手は相も変わらず大久保家長女・佳代子さん。

私たちはいつものんびりしているのと、11月終わりか12月になった位で年末年始のスケジュールがはっきりするもので、そこから「正月旅行どうする？」となる。これは旅行会社さん泣かせの遅さで。毎年「ああ、そのツアーはいっぱいなんですよぉ」とか「もう飛行機の空きないですぅ」になってしまうのです。

もちろん今回も、です。昨年の11月終わり頃に「あ、そう言えば」と思い出しまして。大久保さんに「今回お正月旅行どうします？」と聞いたんですよ。そしたら大久保さん、ちょっと怒りながらこう言うんです。「なんでさ、毎年あさちゃんとお正月旅行行く前提で聞いてくるの？　私だってあさちゃんに言ってないだけで、行く相手（殿方）がいるかもしれないじゃん！」そうか。なるほど。「すいません。ちなみに今度のお正月って予定、もう埋まっちゃってます？　もし空いてたらなんですけど、よかったらまたどこか旅行に行きませんか？」大久保さんは即答でこう言いました。「行く。」ああ、悲しきババアたちのお約束のお遊び。

そんなわけで〝行く〟は決まった私たち。お次は行き先。なにせ今回も4日の夕方出発、7日には帰ってこなきゃいけないので結局近場かな、と。今までも一度ドイツに行った事はありますが、あとはバリ島、韓国、セブ島、屋久島と基本アジア。今回はどうしようと思っていた時に大久保さんから意外な国名が出てきました。「ハワイは？」え？　ハワイ!?　たしかに「あったかい所に行きたい」とは言っておりましたが、ハワイ!?　いや、素晴らしいですよ。昨年の夏にロケで行った時、みんながハワイに行く理由が分かったと言うか。なんか〝気〟がいい。太陽と海と空気と。居心地がメチャクチャいいんです。でもね、〝お正月のハワイ〟ってどこか敷居が高いと言うか。やっぱりちっちゃい頃からある〝ハワイは一流芸能人が行って、必ず空港でインタビューされる所〟と言うイメージが消えないんです。だからどこかで「私なんかにはまだ早い」と思っちゃうんです。もう47歳なんですけどね。

ただそんなわけで、とてもよいのは知っちゃってるんですよ。飛行機も朝着く便で行けば一日遊べるし。それに場所を選べば、言うても人が少ない所もあるはず。話せば話すほど〝ハワイ〟説が固まり始めまして。しかも9月から毎日ハワイ島への直行便が出ている、との情報も。ハワイ島ってあの溶岩ドロドロしてる？　朝日が綺麗な？　ああ、行ってみたい。あっという間にワクワクが止まらなくなりまして。すぐに毎年お世話になっている旅行会社のお姉さんにご連絡。「今年お恥ずかしながら（↑どうしてもこの枕詞をつけなければ言い出せなかった）ワイハの方にしようかと。で、出来たらハワイ島で。」答えは「飛行機、100人以上のキャンセル待ちです」と。え？　100人!?　って言うか諦めずにキャンセルを待つ82番とか97番の人とかすごい。まあそりゃあそうですよね。そもそも人気のハワイで、しかも直行便が出来たてのハワイ島なんて皆さん「待ってました！」ですもんね。ちゃんとした人は半年前に、もっとすごい人はもう前のお正月の時に「来年の分も」と予約をしちゃっているそうで。撃沈。

となるとさあ、どこにしよ。候補地をいろいろ挙げていく中、大久保さんがボソッと「ベトナムは？」その瞬間、急なビビビが。「あ。アオザイ着て、あの三角帽かぶって写真撮ったら……面白そう」と。まさかの〝面白い〟で決まるこの悲しき職業病よ。過去にバリとセブでワガママボディのビキニ写真を撮りましたが、〝正月おもしろ写真〟第3弾はベトナムのアオザイで決まり。

ま、最初はそんな感じでしたが、ちゃんと希望通りあったかい国だし、生春巻きだのフォーだのベトナム料理好きだし、ミュージカル「ミス・サイゴン」も最高！　などなど。どんどんベトナムがよくなってきて。昨年同様大久保さんが番組でご一緒の千原兄弟・せいじさんに伺ったら、ダナンと言う素敵なリゾート地や最後の秘境・フーコック島などもあると。ただその2か所は結局乗り継ぎがうまくいかない、と言う事で断念。選択肢は〝ハノイ〟か〝ホーチミン〟の2択に。こういう時に何がすごいって調べないんですよね、私たち。感覚のみ。で「ハノイの方がリゾートっぽくない？」と言う何の根拠もない理由でハノイに決定いたしました。

4日夕方、今年も大久保さんの「ノンストップ！」終わりで羽田空港に集合。なにせ今から暑い国ですからね。着ていたダウンジャケットとマフラーをキャリーバッグに詰め込んで預けちゃう。毎年到着時を意識しすぎて起こるこの出発時の寒さ地獄。でもいいの。私たち、あったかい国に行くんです。空港内のレストランでよく冷えた生ビールを流し込み、出国前のお清め終了。いざ、ベトナムへ！　ってあらやだ。日本を出る前にお時間が。続きは次回。すいません。今年もババアの珍道中にしばしお付き合いくださいませませ。

〈今日の乾杯〉コレを求めてベトナムへ。フォーガー。ガーは鶏だそう。ちなみにフォーボーは牛肉。ガーとボーだとガー派。さっぱりしながらも、出汁《だし》のうま味が素晴らしい。ライムをたっぷり搾って。ハノイビールもゴクゴク。ンゴン（ベトナム語で「美味しい」）！

ベトナム酒旅〈中編〉

1月4日夕方、〝お清め〟ビールを飲み干し羽田を出発。3泊4日のベトナム旅行スタートです。機内では女子力高めでおなじみのガイドブック・ことりっぷにキュートな付箋をつけて、誰も見てないのに〝女子力あるぜアピール〟をしたり。映画「怪盗グルーのミニオン大脱走」を観て自分の声の太さを再確認したり。そんなこんなしながら6時間15分のフライトを経て、無事21時前にハノイに到着いたしました。さあ、寒い日本を抜け出して、あったかいお正月旅行の始まりだ！……あれ？……寒い。リゾート感満載のTシャツに薄手のカーディガン。寒い。空港まで迎えに来てくれた日本語話せるホテルの送迎スタッフさんに聞くと「ホーチミン、30℃以上。トテモ暑イ。デモハノイ、北ダカラ。15℃クライ。」しかもしっとり霧雨も降っていて。あれ？　乾季のはずだけど？「毎年正月ノ時ダケ、コウナルデス。」ありゃりゃ。

車中、翌日の予定を聞かれたので「明日は夜、水上人形劇見に行くんです」と。水上人形劇はベトナムの伝統芸能。せっかくなら観てみたいな、と日本でディナー付きのツアーを見つけたので申し込んでおいたのです。「お兄さんは見たことあります？　面白いですか？」

と聞いてみると、信じられない答えが。「ツマラナイ。今ノ若イ子ハ誰モ見ナイ。僕リンテ、10分デ寝タ。」え？　そんなに？　そんなにつまらない？　そして明日行く事が決まっている人にそんな事言う？　「あ、でもディナー付きだから。飲みながら見たら絶対楽しい。」と気持ちを盛り返す。すると「エ？　ディナー付キ？　ホントニ？」「うん。パンフレットに〝ディナー付き〟って書いてあったよ。」「ア。ソレ多分ショー見テ、ソノ後ニ別ノ所デ食事デス。」え？　飲みながら見るショーじゃないの？　あらやだ。〝ディナー付き〟の解釈、間違えた。となるとその〝若者が10分で寝るショー〟とやらをただ見るのか。ああ、ワクワクがすごいスピードで消えてゆく。

1時間近く車に揺られ、22時過ぎにホテル到着。お部屋はかなり素敵で、窓を開けると目の前は大きな湖。それを眺めながらハノイビールで乾杯すれば、思っていたのと違う〝寒さ〟〝天気〟〝人形劇の前評判〟で下がった気分もあっという間にリセット。単純。ビールよ、ありがとう。楽しい旅にいたしましょう。

2日目。朝食バイキングで美味しいフォーをいただきながら一日の予定を話し合う。まずはこの旅の第一目的と言っても過言ではない「アオザイを買う」を済ませてしまおう、と。そして夜は、期待値がうっかりダダ下がり中の「水上人形劇観劇＆ディナー」です。

と言うことでまずはお土産屋さんが軒を連ねる〝旧市街地〟と言うエリアへ。昨日から降り続く霧雨のせいで〝くせっ毛大暴れ〟＆〝一枚しかない長袖のカーディガンが完全に湿りまくり〟ですが、1年に1回のプライベート海外旅行。地図を片手にブラブラしているだけで、なんか楽しい。しばらく行くとアオザイ屋さんを発見。キレイでカラフルなアオザイたちがズラリ。色を選ぶだけでも目移りしちゃって大変ですが、それ以前にサイズです。大久保さんはまだしも、私はなかなかのダイナマイトボディでございますから。合うサイズがあるかしら？　って一応あったんですけどね。ただアオザイ界ではわたくし、まさかの〝XXL〟。ああ、デカい。しかもXXLなのにお胸の方がパッツンパッツン。ドボジデドボジデ。そんな私にお店のお姉さんがつたない日本語で一言。「コレ、ボインデ着ルモノ。ダカラOK！」なるほど。ボイン強調、ウェストはスリットでスリムに見せる。それがアオザイなのね。結局大久保さんは明るい緑の、私は紫のアオザイを購入。ウフフ。ミッションクリア。

他にもカワイイ模様のベトナム食器や有名な刺繍屋さんを見たり、〝底に大量の練乳が入っていてめっちゃ甘いけどなんだかクセになる〟アイスコーヒーを飲んだり。通りすがりで見つけた小さなお店で〝蒸したベロベロの皮で巻いた春巻きみたいなヤツ〟をツマミにビール飲んだりいたしまして、いったんホテルへ。

と言うのも〝水上人形劇ツアー〟がホテルのロビー集合。ただここで1つ問題が浮上。私たちが見に行くショーは18：30スタート。それがプリントを見てみるとホテル集合が16：45。

フロントで聞くと劇場までは車で15分くらいとのこと。となるとですよ。〝集合早すぎる〟の巻、じゃないですか？　いやね、日本で気づいて確認してくれればよかったんですけどね。うっかりハノイに来てから気づくと言う。度重なる確認不足。すいません。

16：45にホテルを出たとして、17：00には劇場に到着。1時間半待たされて（この間に買い物でも出来ればまだよいけれど）その〝若者が10分で寝る〟出し物を見る。なかなかだなぁ。しかも劇は1時間弱らしいので、ディナーは19時半から20時くらいかぁ。朝食以降、ベロベロ春巻きしか食べてない私たちはさすがにその時間まで我慢するのは無理。という事で時刻は16時。集合まで45分。ジュリーの「背中まで45分」を心で口ずさみながらホテルのレストランへダッシュ。「ソーリー！　プリーズ　ハリアップ！」でサンドイッチとワインを注文。出てきたサンドイッチはめっちゃくちゃ具沢山で美味しそう。そしてなかなかのボリューム。付け合わせのコールスローもたっぷり、ポテトはカリカリ。しかもホテルの前の湖が夕陽でオレンジに染まっていくのも絶景。そりゃテンション上がっちゃいますよ。大久保さんは白ワイン、わたくしは赤ワイン数杯を〝たしなみ〟ながらサンドイッチを貪り食う。ああ、美味。ああ、満腹。ではではいざ水上人形劇へ。さあ、いかに？　続く。

〈今日の乾杯〉ハノイでの初乾杯は幸せな笑顔に。サラダと魚のフライと言う、うっかりベトナム感ゼロのツマミでしたが、とにかくハノイビールが美味い。ホップの香り豊かだけど軽くてゴクゴクいける。酒の美味い国、万歳。

ベトナム酒旅〈後編〉

長々とお読みいただきました正月旅話もとうとうラスト。あとほんの少しだけお付き合いくださいませませ。

ワインとサンドイッチで腹八分目どころか腹十二分目までいってしまったババア2人。いよいよ水上人形劇へ向かいます。16時45分、ホテルのロビーで待ち合わせ。そこで待っていたガイドさんは女優の清水美沙さんに似た綺麗なベトナムレイディ。早速確認。「ショーって18時半からですよね？　待ち合わせ早くないですか？」すると清水さん（仮名）の答えは「今日見ルノハ17時10分カラデスヨ。ショーハ50分クライダカラ、ディナーハ18時過ギカナ。」ええ？　聞いてないよぉ！　プリントにはちゃんと18時半からって書いてあるから！　だからディナーも20時位からだとふんじゃったから！　ああ、何故私たち、腹十二分目。いや、でももしかしたらショーに興奮してお腹がすくかもしれない。考えていても仕方ない。まずはショーを楽しもう。でも……昨日の空港からの送迎の人の言葉が頭をかすめる。「ツマラナイ。」いや、感性なんて人それぞれだし、彼がつまらなかっただけかもしれない。私は清水さん（仮名）に聞いた。「水上人形劇って面白いですか？」彼女は笑顔でこう言いました。「ツマラナイ。」ガガガガーン。ホントに!?　そんな皆で自国の伝統芸能を否定する!?　しかも劇場に向かう車中で急に「町デ犬、アマリ見ナイデショ？　男、捕マエル。ソシテ、食ベル。」と。いや、食文化に対してどうこう言う気はないけれど、何故今その話を私たちにした？　ただでさえ期待値が皆無に近いところまで下がったショーを見に行くのに。その後のディナーもワクワク出来ないくらい満腹なのに。ねえ、誰か。私たちに笑顔をください。

ホテルから車で15分。劇場に到着。劇場前はいろんな国の人で溢れかえっている。聞くと一日3回公演で、今しがた前の公演が終わって出てきた人とこれから見る人で混んでいるとのこと。清水さんは私達に2枚チケットを渡して「楽シンデ。」うん、頑張るけど。

でもなんと、この下がるところまで下がった感情があっという間にアゲアゲ状態に。会場は満員御礼。まずその熱気と舞台の素敵さに感動。舞台全体が大きなプールになっているんです。その真ん中には大きな門のセットに幕代わりのスダレが。ステージの両側は台になっていて、見たことのない楽器が並んでいる。呼び込みと共に演奏家たちが民族衣装を身にまとい10人位出てきて、それぞれの楽器のところへ。柔らかいアジアらしい音楽が始まる。その旋律に合わせて、スダレの後ろから次々に人形が出てきて、スピーディに、かつコミカルに水上を暴れまわる。ベトナム語の台詞や歌はまったくわかりませんが、その動きを見ているだけで楽しい。人形は様々で、優雅に踊る女性や舟に乗って出てきて釣りをする少年。泳ぐ子供から逃げる魚もいれば、火を噴く龍も。ああ。「ツマラナイ」どころか「凄ク凄ク楽シイ！」。

そしてその舞台の面白さと同じ位ニヤニヤしたのが人間関係。左側の台の一番前にはベトナムの伝統民族楽器のダンバウが。お琴のような木の台に弦が1本。その弦の端っこに何かレバーみたいなのが付いていて、右手の指で弦を弾《はじ》くと同時に左手でそのレバーを前後に動かして、音の高低を変えたり、音を揺らしたりする。おそらくこの楽団の中でも花形。演奏している女性もかなりの美人。ただね、ないんですよ、やる気が。いや、上手いんですよ。すごく上手いんです。でもね、右手で弦を一度弾きますとね。その後は左手でレバーを細やかに動かすので、ちょっと右手が空くんですよ。次の音を弾くまで数秒から10秒位、空くんです。その間の右手でまさかの身だしなみを整えると言う。例えば、弦を弾く↓袖元の糸のほつれを気にする↓弦を弾く↓こめかみの髪を撫でつける↓弦を弾く↓肌の調子をチェックする。こんな感じ。でももう一回書きます。上手いんですよ。そして美しい。

そんな時、ふと気づいたんです。逆サイド。右側の台の一番前に女子が二人。正直、ダンバウ美女の美しさを10としたらその二人組は5〜6くらい。でもニコリとも笑わない美女に対して、彼女たちはホントに朗らかな笑顔で客席を見渡しながら演奏してくれている。しかも使う楽器の種類も多く、お芝居の中の効果音みたいなのもすべて担う。更にはセリフやナレーションまでこなしている。とにかくすごい仕事量なんです。そうなるとさぁ、ついついしちゃうよね。時折向かいの〝やる気なし美女〟へのジロリ。一瞬よ。だって楽器にマイクに大忙しだし、ベースはずっといい笑顔だから。でもその合間に見せる、ジロリ。うん、わかるよ。何も言えないけど、いや、言えないからこそのせめてものジロリ。私も、経験済み。

そんなこんなで50分の人形劇はあっという間にエンディングに。最後スダレが上がりまして。裏で人形を動かしていた方たちが10人位出てくるんですよ。若い兄ちゃんからなかなかのおばちゃんまで皆さん腰まで水に浸かって。なんかわからないんですけど、それ見ていたら泣けてきちゃって。感動。素晴らしい。ブラボー。水上人形劇、いい舞台でした。見てよかった。本当に。

ただそんな感動も束の間。恐怖の〝ディナー〟が私達を待ち受ける。だって腹十二分目まで食べてしまってからまだ1時間ちょっと。超美味しそうなお料理なのにまったく箸が進まず。一応ワインだけ一本飲んで、お料理のほとんどを持ち帰り用パックに入れていただきまして。ホテルに帰って部屋のベランダで真っ暗な湖を見ながら、もう一本ワインを開けてゆっくりいただきました。なんだかんだあったけど、なんだかんだいい一日でした。カムオン（ありがとう）。

他にも〝ハロン湾ツアーの片道4時間のバス移動で延々喋り倒したガイドのホーさん〟や〝通りすがりの路上でバインミー（バゲットのサンドイッチ）を買ったら何故か最後にプレスされてパニーニみたいになっちゃったけど凄く美味しかった〟話もあるのですが、それはまたいつか。こんなスタートになりました２０１８年。４回目の年女。ますますふんばりますので、どうぞよろしくお願いいたします。

〈今日の乾杯〉腹十二分目でご馳走を前にすると、笑顔って消えるんですね（笑）。ただ本当にベトナム料理もベトナムワインもとてもとてもンゴーン（美味しい）でした。ただ結局一番ハマったのがニョクマム（魚醬）かけご飯なのは内緒。

〝若〟と〝老〟のあいだ

2月4日。85年の歴史を誇る東京・有楽町の映画館「日劇」が閉館。その際に「さよなら日劇ラストショウ」と題して、9日間にわたって過去の名作を上映するイベントが。黒澤映画や「ゴジラ」シリーズ、「Shall we ダンス?」「世界の中心で、愛をさけぶ」「タイタニック」「アナと雪の女王」「君の名は。」などなど。その中にあの映画も入っておりました。「青春グラフィティ　スニーカーぶる〜す」です。80年代はいわゆる〝たのきん映画〟含むアイドル映画がごまんとありましたが、このマッチさんの初主演映画1作品だけエントリー。この映画はDVDどころかVHSにもなってないので今観ようと思っても観られないんです。というわけでもちろん私、駆けつけました。

この映画の公開は81年2月。私は10歳。79年の秋に「3年B組金八先生」で〝星野清〟こと近藤真彦さんを知り、女子校で純粋培養されていた私は〝男性〟〝不良〟など自分の知らないその存在にノックアウト。もうそれは初恋でした（それ以前に未来少年の方のコナンや「キャンディ・キャンディ」のテリュース・G・グランチェスター。更には初代あばれはっちゃくにちょいとキュンキュンしたのは内緒）。

劇場内は同世代からちょっと上のお姉さま方でパンパン。トイレに並んでいる時に聞こえてくる会話も「昔ラジオでぇ」「あ、『マッチとデート』？」「そうそう！」つい私も『吉田照美のてるてるワイド』ですよね！　聞いてました！」なんて言いたくなるようなトークばかり。

会場の電気が消え映画が始まる。まず画面にタイトルが。会場、一斉に大拍手。そして誰かの足元が映り、ゆっくり上にパンしていくとトシちゃんの顔がアップに。キャーキャー。また別の足元が。カメラが上に向くとマッチのお顔。更にキャーキャーキャー。そして最後ヨッちゃんの顔がアップになるととうとう大拍手。正直当時より「キャーキャー」の声は低くなっているけれど、胸の高鳴りは10歳の頃のまま。いや、それ以上かも。だって気づいたら涙ボロボロ。なんで泣いているか全然わからないけど、ただただ涙が。ありがとう、青春。ありがとう、私の初恋。

上演後にはマッチさんの舞台挨拶もありまして、めちゃくちゃ英気を養いまくった私。次に待っていたダンスの仕事も元気印でやったるで！　と。ええ、ええ。やったるで！　の予定だったのですが、まさかの撮影の日の朝。出かける前に家で振り付けの再確認をやっていた際に転倒。いやね、ウチの床、サラサラなんですよ。ツルツルじゃなくてサラサラ。そのサラサラに滑ってドッターン。一瞬足首が変な方向に向いた気がする程グネりまして。はりきり（気持ちだけ）ヤングガールがあっという間によれよれババア。とりあえず足首を固定して現場へ。約15時間の撮影。なんとか踊りきりまして24時無事終了。終わって気づいたのですが、あれだけ足首を痛めていると思っていたのに、どうやら患部は足の甲。だって甲がパンパンに腫れていて、つっかけもつっかけられない程。どうりで足首固定していても痛いと思っておりましたよ。もうどこを痛めたかもわからないのね、私。

その翌日。腫れた足の47歳は苗場におりました。ええ、そうです。ユーミンさんのコンサートです。実は前日のグネりが土曜日。翌日曜日は祝日&月曜日も振替休日で少なくとも火曜までは病院はやっていない。でも私は考えました。腫れている時は冷やした方がいい↓苗場は寒い↓足、冷える↓そうだ、苗場へ行こう。♪チャ〜ラ〜ラ　チャ〜ラ〜ラ　チャ〜ラ〜ララ〜。「私のお気に入り」を口ずさみながらロキソニンテープを貼っていざ苗場へ。

今年のライブのテーマはカーニバル。華やかな舞台にテンションMAX。そこに大好きなラテンのリズムが鳴り響けば、足の事なんて忘れ……までは出来ませんでしたが、とにかく触れると痛いので靴は脱ぎ捨て。裸足になって踊る踊る踊る。それにしてもいっつも思うのですが、ユーミンさんの曲を聞くと「あ。この曲聞きながらあそこでスキーしたなぁ」とか「殿方と別れた時にこの曲かかっていたなぁ」とか。若き日々の思い出が曲と共に次々と押し寄せてくる。そんな素敵な曲たちを全身で浴びること3時間弱。時にあまりの〝幸福感〟

に泣け、時にトークで大笑いし。そして寒い冬の日に汗ビショビショになるほど踊りまくり最高の時間でした。アンコールも終わり帰り支度をしていると、後ろの席の若い女の子ちゃん4人組が「いとうあさこさんですよね？」振り返ると「やっぱり！　いい踊りでしたよ！」と。あらやだ。とうとう踊っている背中で私だってわかるようになっちゃった？

そこまでハッスルあさこちゃんでしたが、終わって我に返るとちゃんと足の甲は腫れておりまして。「この中にお医者様はいませんか？」ではないですが、ちょうど知り合いの整形外科の先生にお会いしまして。「よく苗場まで来たねぇ」と笑いながらお手持ちの湿布で処置していただきました。感謝。

後日、病院で診ていただきましたところ足の指と指をつないでいる〝じょーもない〟靭帯（お医者さま談）をやっちゃっておりました。それにしてもここ数日の私。マッチではしゃぎ↓足をグネり↓ユーミンで踊り↓足の甲腫れ上がる。〝若〟と〝老〟のあいだを行ったり来たり。心は若いが、体は老いて。頑張れ、47歳。

〈今日の乾杯〉知り合いの方が新年会で当てた〝フグお食事券〟に便乗させていただきまして。フグ刺しを〝あん肝を溶いたポン酢〟でいただくと言う。しかも合わせたお酒はシャンパン。何このセレブの食べ方。ああ、知らない世界。すばらしい。

太っちょさん

どうやら私は太っているらしい。いや、知っているんですよ。本当は重々わかっているのですが、40歳位までは〝中肉中背〟でやらせていただいていたもので。その記憶が脳にこびりついているんですよね、きっと。しかも昔、森三中とかに「やっぱりあちゃこ姉細いよね」とか「あちゃこ姉の動き、軽やか」なんて言われちゃってたもんだから、あなた。もう自分が〝中肉中背〟どころか、〝ガリガリ〟なんじゃないかと言う錯覚まで。だからその頃はよく偉そうに言っていましたよ。「私食べ過ぎるとすぐお腹壊しちゃうんだよね。だからこれ以上太ることはないと思う」と。するとムーさん（森三中・村上）。「デブはみんなそう言う。」その頃は「いやいや、何言ってんだい」くらいに思っていましたが、ムーさんの言う通り。私、ちゃんと大きくなりました。

先日、4歳くらいの男の子が私のお腹をジーッと見ているのでどうしたのか聞いてみると純粋100%のまっすぐな目で「赤ちゃんいるの？」どうやら今その子のお母様が妊娠8ヶ月で大きなお腹を毎日見ているからそう思ったようで。「どうだろ触ってごらん。」彼は恐る恐る私のお腹を撫でる。「どう？　いる？」と聞くと、満面の笑顔で「うん！　いた！」ごめんね、ちびっ子よ。いないのだよ。

　こないだ異国ロケの帰りの飛行機の中でも。約12時間のフライト。6時間位経った時、喉が渇いたのでお兄さんを呼び止め「オレンジジュースをください」と。すると「カシコマリマシタ。サンドイッチカ、ウドン。ドチラガヨロシイデスカ？」え？　私、オレンジジュースって言ったよね？　「えっと……オレンジジュース……」「ハイ。ソシテ、サンドイッチ、ウドン。ドチラガヨロシイデスカ？」やっぱりちゃんと聞いてきている。乗ってすぐに機内食をいただいたので、そこまでお腹すいてないけれども。でもそんなに言ってくださるのなら。「えっと、じゃあサンドイッチで。」「ハイ。少々オ待チ下サイ。ア、チナミニサンドイッチ、冷タイデスガヨロシイデショウカ？」「はい。お願いします。」冷たいサンドイッチって言ったらハム？　野菜？　チーズってのもあるかもなあ。想像していたらだんだんお腹もすいてきた感じになる私。「オ待タセイタシマシタ。」さあ、何サンドかな？　目の前にサンドイッチが、冷たいサンドイッチが……ん？　あれ？　サンドイッチじゃない。なんて言うのかな。厚手のクレープ生地みたいなので野菜、鶏肉、そしてまさかの米を直径7〜8センチほどにギューギューに巻いたヤツ。まあラップ〝サンド〟って言ったら、ラップ〝サンド〟だけど。いやいや、〝サンドイッチ〟でない事だけは確か。

　でもね、このお兄さん。一生懸命日本語を勉強して、楽しいひとときを過ごせるよう〝サンドイッチ〟（自称）を持ってきてくれた。これはとてもありがたいこと。ありがとう。いただくよ、〝サンドイッチ〟。

正直ちょいと苦手なミント系ハーブが入っていたのですが、添えられていたピリ辛オーロラソースたっぷり付けてムシャムシャ。うん、美味しい。なんだかんだ言いながらなかなかのボリュームの〝サンドイッチ〟を平らげ、オレンジジュースを飲み干す。そこへお皿を下げに来た先ほどのお兄さん。「ご馳走様でした。」と言うと彼から信じられない一言が。「ウドンハ？」え？　さっきサンドイッチかうどんか聞いたよね？　私、サンドイッチを選んで、そして食べたよね？　今そのお皿を下げようとしているんだよね？「あ、ありがとうございます。でももうお腹いっぱいです。」とお腹をさするジェスチャーをする私を見て、彼はこう言いました。「体ニイイ、ウドンデスヨ」と。あらやだ、もう一押し来た。どれだけ私食いしん坊に見えているのよ。でも……〝体にいい〟うどんかぁ。やっぱりお出汁がきいて温まるんだろうなぁ。結構体冷えちゃっているし、じゃあ……いやいやいや。危ない。いっちゃうとこだった。こういうとこが太っちょの悪いとこ。いくら〝体にいい〟でも食べ過ぎたら体に悪い。「本当にお腹いっぱいなので大丈夫です。」とさすがにお断りさせていただきました。

日本に着いた時、一緒に乗っていた森三中・大島ちゃんに報告。「サンドイッチかうどんか聞かれて、サンドイッチ食べたらさぁ。」「あ、それ私も聞かれてうどんの方、食べたよ。」「へえ。体にいいってやっぱりお出汁とかきいてんの？」「おつゆタイプじゃなくてざるうどん。しかもそのつけ汁がこの世のものとは思えない程しょっぱいの。もうつけられたもんじゃない程しょっぱくてさぁ。」ねえ、お兄さん。〝ウドン〟だけ言ったら普通はおつゆの……ま、これは百歩譲ってよしとしよう。何故〝体にいい〟と？

実は着陸直前の最後の食事の時も、そのお兄さんが「トンカツカ、ソーセージエッグ。ドチラガ良イデスカ？」と。でも例の〝サンドイッチ〟で何か胃が負けておりまして。繊細なフリして「結構です」。ただ周りを見て、気づきました。その〝トンカツ〟というのが〝カツカレー〟の事だったと言う事を。嘘だぁ。確かにさっきは「胃が……」みたいに言ったけどカレーは別腹よ、私。それにもしカツカレーの要素、どちらかしか言っちゃいけない規則があるのならば、〝トンカツ〟でなくて〝カレー〟の方をチョイスプリーズ。

日本語もベラベラで自分の担当のエリアのお客様の名前もちゃんと覚えて接客していたとても賢いお兄さん。ああ、そんな賢いあの方に教えてあげたい。本当の〝サンドイッチ〟と〝体にいいうどん〟、そして〝とんかつ〟を。またいつか、空の上でお会いした時にでも。

〈今日の乾杯〉豚バラ角煮と新野菜の和風ポトフ。温かいポトフですが、入ってるお野菜は春。ちょうど季節の変わり目だなぁ。粒マスタードを付けて。季節関係ない日本酒ロックと共に。

そうだ京都、行こう。

先日、オアシズ大久保さんと飲んでおりまして。ふと今年大学受験だった大久保さんの姪っ子ちゃん（お兄さんの娘さん）の話に。私、お正月に実家にお邪魔したり、夏の大久保家の旅行に混ざり込んだりしているもので、勝手に〝親戚のおばちゃん〟くらいの位置にいると思っておりまして。なのでちょいと気になっていたので聞いてみたところ、見事合格。パチパチパチパチ。それが京都の大学だそうで「明日、実家から京都に引っ越しなのよ。私もちょうど大阪で仕事だから帰りに京都寄って、お兄ちゃんと3人でご飯してこようかと思って。」初の一人暮らしをする娘をお兄さんが京都まで送りに来るんだそう。そっか、明日か。……明日？　あれ？　私、名古屋。しかも夕方終わり。あ、その食事会、私行けますけど。すると大久保さんが「ちなみに私、翌日昼過ぎから仕事。」「ホントですか？　私も翌日遅いです。」「え？　じゃあ、泊まる？」「いいですねぇ！」そこからのおばさん二人のはしゃぎっぷりったら。私が宿探しの為、じゃらんのアプリをダウンロードしようとすると大久保さんが「私、前にアプリ入れたよ。あ、でもパスワード覚えてるかな？　ちょっと入れてみる。……いけた！」あとお店も探さねば。「やっぱり先斗町かなぁ？」「前にロケで行ったところでいい感じのお店なかったっけ？」と食べログで検索。なんだろ私、ニヤニヤしてる。

こういう風に、急に浮上するプチ旅計画は本当にワクワクする。だって普段はなかなかスケジュール合わず、一年に一回お正月旅行行くくらいですから。それが飲んでいて「あれ？明日空いてる！」みたいな。「じゃあ行こう！　行こう！」みたいな。そりゃあ楽しい。

実は過去にもそういう事が何度かありまして。例えばある年の12月24日。クリスマス感に目をつぶりながら一緒に飲んでいたところ、25日が二人とも休みだと判明↓26日は仕事だけどそんなに朝一じゃない↓遠いところじゃなければ泊まりで行ける↓そうだ、どっかへ行こう。じゃあせっかくクリスマスだからどこかパワースポットでも行って、更にその近くのホテルで豪華ディナーでもしちゃいますか、となりまして。25日レンタカーで向かったのは群馬県榛名山にある榛名神社。なにやら強力な〝願望実現パワー〟があるとのこと。そういうところへは午前中行った方がいい、と言うのは知っていたのですが、日頃の疲れからそんなに朝早く出発しなかった上に、お腹がすきすぎて途中のサービスエリアでがっつり食事。しかも天気予報は晴れだったのに榛名山に近づくと雪がチラホラ。山道に入る頃にはまさかの猛吹雪に。車も別に雪用タイヤではないから、ゆっくりしか進めず。結局、榛名神社到着が午後4時過ぎになってしまいました。これは神様が「来るな」とうちらを拒んでいるのかな、と思いましたが、せっかく来たので暗くなった参道を通ってお参り。そんなわけですっかり遅くなってしまったので、そこからお宿に電話してもどこもいっぱい。唯一快諾していただいたのが、かんぽの宿。ありがてぇ。温泉入って浴衣に着替え、おじいちゃん、おばあちゃん達に混じって大広間でのディナー。正直クリスマス感はゼロだったけど、結果素敵な旅になりました。

あと、何か収録が一緒だった時。終わった後どこで飲もう？　なんて話していたら、大久保さんのマネージャーさんが来て「明日の名古屋の生放送。朝、台風上陸で新幹線がやばそう。急ですが前乗り出来ませんか？」と。あらやだ、気持ちはもう居酒屋さんよ。……ん？待てよ？　明日、私、休み。「私も名古屋行って名古屋で飲みます？」半分冗談、半分本気で言うと、大久保さんの答えは「いいねぇ！」。新幹線に乗り込み、まず車内で一杯。そして改めて名古屋の飲み屋さんにてガブガブ。急遽とったビジネスホテルでシメ飲み。翌朝、大久保さんはテレビ局へ、私は東京に戻る為に名古屋駅へ。すると、新幹線は完全にストップ。駅は人が溢れかえっておりました。いや、そりゃあそうですよ。だって新幹線止まるから前乗りしたんですから。新幹線止まってガビーン、もあったもんじゃない。そのまま改札の前で荷物の上に座って待つこと5時間半。なんとか名古屋発のこだまに乗って、ゆっくり帰京。本当にアホでしたが、これもまたいい思い出です。

そして今回、お互いの仕事先から京都にて待ち合わせ。タクシーが春休みだからかすごい行列だったので、バスに乗って鴨川沿いのうどんすきのお店へ。川が見える素敵な窓側の席で、主役の姪っ子ちゃんはまだ18歳だからウーロン茶、大人三人はそれぞれのお酒で、これから新しい土地で新しい生活をスタートする彼女の門出を祝わせていただきました。しーちゃん、おめでとう！　素敵な新生活を！

ベロベロでホテルに着いたおばさん二人は、コンビニで買い足したお酒で更に乾杯してからバタンキュー。朝、ひとシャワー浴びてさっぱりしてから「せっかく京都に来たんだから」とホテルから一番近かった三十三間堂へ。二人とも修学旅行以来。「たしか1000体ある千手観音立像の中に必ず自分と似た像（正確には必ず〝会いたい人〟に似た像だそうです）があるんじゃなかった？」と言う事で探してみた結果、〝全体的にいとうあさこは似ている〟＆〝大久保佳代子は鼻と口の間が長いのが特徴だから、全体的に似ない〟と言う答えが出ました。ああ、楽しかった。

昼過ぎには東京に戻るバタバタ旅ではありましたが、こういう息抜きは大事。一体次回の〝突然プチ旅〟はいつ何処へ？　その日を楽しみにまたバリバリ働くとしますか。

〈今日の乾杯〉海老と生麩の木の芽味噌焼き。〝生麩〟や〝木の芽〟を美味しいと思える自分を「大人になったなぁ」と。あ、ずいぶん前から大人でした。ちょっとお皿に残った味噌までもペロペロしながら更に一杯。

Forget-me-not

綺麗なブルーのお花・忘れな草の英語名。〝私を忘れないで〟なんて、なんともロマンチック。尾崎豊さんの名曲もありますよね。美しく優しいメロディにのせて響く情熱的な強い歌声がたまらない1曲。カラオケ行ったら絶対に歌うヤツ。あ、あさこミニ情報でした。失礼。

ただ今日お話ししたいのは、そんな素敵なお話ではなく。わたくしのForgetしちゃった話。〝記憶紛失事件〟です。今までも多々ありましたし、何度も聞いていただいているのですが、今回のはちょいとヤバめな感じかな、と。

その事件の始まりはやっと春らしくなった、ある日の昼下がりの品川駅。その日の私は朝、名古屋の番組に出演させていただきまして。午後は東京で仕事だったもので、新幹線で品川に戻ってまいりました。なんか疲れているなぁ、なんて思っていた時。目に入ってきたのがDEAN&DELUCAと言うおしゃれお惣菜屋さんの新鮮ないちご100%のジュースのポスター。その名もフレッシュストロベリージュース561円。ちょいと高級ですが疲れた体が欲しちゃったんです、たっぷりのビタミンちゃんを。吸い込まれるようにお店の中へ。さすがおしゃれショップ。おしゃれ女子が数名、レジのところに並んでおりまして。おしゃれドリンク片手に、次々におしゃれ雰囲気で出て行く。いよいよ私の番。「フレッシュストロベリージュース。」上手に言えた。かわいらしいお姉さんが笑顔でみずみずしいいちご達を手際よくミキサーへ。少量の氷も入れて一気にガーッ。鮮やかなジュースが完成。春っぽくて、なんか素敵。

その翌日。今度は関西の方で収録があると言うことで、新幹線に乗るべくまたまた品川駅へ。自宅から車で来たので、品川駅の駐車場に車を停めまして。改札に向かう時、もちろん再び通るわけですよ。DEAN&DELUCAの前を。そしていちごジュースのポスターが目に入ったその瞬間。私はすごい事に気づくのです。

「あれ？　私まだ……いちごジュース飲んでない。」

そうです。いくら記憶をたどっても、いちごジュースを飲んだ記憶が出てこない。口の中どこ探してもいちごの後味が見当たらない。いったん落ち着こう。ゆっくり思い出してみる。いちごジュースを買ったところまでは確実。だってミキサーでガーッってやっていた音ははっきり覚えている。お次は受け取り。最近コンビニで買い物をした際、お会計をして、レシートを財布に入れた途端に袋も受け取らずコンビニを立ち去ろうとしてしまう事が何度かありまして。「お客様！　商品！」その声で振り返った時のバツの悪さよ。いや、でも今回はちゃんと受け取った。だってお姉さんが「ストローお挿しいたしましょうか?」と聞いてくれて。私も「はい!」って元気に返事したもん。うん、そこまではよし。じゃあ、そのジュースを持った私はどうしたか。昨日も車を駅に停めていたから、駐車場に向かったな……ん? 駐車場?……あ! そう言えば、駐車券とお財布をカバンから出そうとして、ジュースを一回駐車場の精算機の上へ……置いた! そうだ! 精算機の上だ! 絶対そう! 十中八九そう! えっと……多分、そう。

そんなわけでフレッシュストロベリージュースをうっかり〝飲んだことない〟私は、もう一度DEAN&DELUCAへ。リベンジです。するとまさかの昨日と同じお姉さんが。「あら、二日連続? よっぽどハマったんですね。」的な感じの笑顔でこっちを見てくる。あ、勝手な想像です。そして私も「いや、味知らないから。今日が初めてだから。」的な感じで必要以上にクールに振る舞う。いちごをミキサーでガーッ。うん、知っている風景。「ストロー挿しますか?」とお姉さん。デジャブ。「はい。」今回はちょっと控えめに返事。しっかりとジュースを握りしめ、一度も手から離す事なく無事に新幹線に乗車。こうなったらこっちのもんです。二日かかった最初の一口目をゴクリ。ああ、美味しい。こんなに全身に染みわたるいちごジュースは初めてです。

いやね、今回の事でいつも以上に怖いなぁ、と思ったのはすぐに気づかなかったこと。もう物忘れは仕方ないとしましょう。本当によくあるし、家で隣の部屋に何かを取りに行くも、何を取りに行ったかわからなくなり部屋の真ん中で立ち尽くす、なんて事は日常茶飯事。もちろんそれも問題っちゃ問題ですが。でもせめて車に乗って、少し運転した時に「あ、ジュース！」って思い出してもいいんじゃないかと。だって体が、喉が、そして本能が欲して買ったジュースですよ。それを一瞬たりとも思い出さず、翌日そのポスターを見て思い出すと言う。もし翌日にお店の前を通らなかったら、ポスターをもう一度見なかったら、私は今でも思い出していないかもしれない。おそろしいぜ、ベイベー。

そんな〝忘れる〟毎日を送っている私。今年の単独ライブのタイトルを「忘れな草〜覚えないんじゃない　忘れるんだ〜」にしました。もう諦めたと言うか。だって本当に忘れた事すら忘れちゃうんですもの。仕方ない。だからはっきりと言います。覚えないんじゃない、忘れるんだ。よろしかったらそんな私を見に来てください。

〈今日の乾杯〉焼きタケノコ。先日、異国から帰ってきた夜、最初に口に入れた一品。心から「日本、最高。」と思った。味はもちろんのこと、丸まったタケノコの皮にタケノコを寄りかからせて盛り付けると言う美しさ。ああ、すばらしい。

〝忘れ〟の国の人だもの

連日のご報告となりつつありますが、相変わらず記憶の欠落が著しい毎日を送っておりまして。もう〝忘却の国のお姫様〟と言っても過言ではないのでは。あ、〝お姫様〟が過言か。もとい。〝忘却の国の住民〟なのです。

その中でも最大限ひどい出来事を、先日ユーミンさんのラジオに出させていただいた時にユーミンさんにご報告申し上げたところ、「よかった。私まだそこまで来てないわ。」と言われたのが「ブロッコリーとカリフラワーがわからなくなった」事件。以前どなたかが「キャベツとレタスがわからない」と言っているのを聞いた事がありますが、その〝わからない〟と意味が違うんです。だってそれは〝知らない〟の〝わからない〟じゃないですか。私のはそうじゃなくて本当の〝わからない〟なんです。でも昔はわかっていたんですよ。ちゃんと。それが最近パッと出されたら、瞬時に判断が出来なくなったんです。いや、細かく言うとブロッコリーはわかるんです。出てきたらすぐ「ブロッコリーだ！」と。ただそれがカリフラワーだと、「えっとぉ、ブロッコリーじゃないからぁ、カリフラワー。」と一回ブロッコリーを迂回してからじゃないとカリフラワーにたどり着かないのです。自分で言います。重症です。

言葉が出てこないなんてのは日常茶飯事。こないだもラジオの生放送で大好きだった「十年愛」というドラマの話を熱弁していた時の事。大江千里さんが、操作盤が壊れて超高速回転するメリーゴーランドの支柱につかまったままグルグル振り回され、結果吹っ飛ばされて死んでしまう、と言う衝撃の結末を迎えるのですが、その大事なキーワード〝メリーゴーランド〟が出てこなかったんです。26年前の「十年愛」の詳細は覚えているのに。しばらく「えっとぉ、あのぉ」を繰り返し、やっと出た言葉が「あ！　あの遊園地で馬が上下するヤツ！」。すいません。

更には一瞬前にした事を忘れ、またすぐに同じ事をしてしまう事も。先日、東新宿駅にちょいと用事がありまして。なのでまず渋谷に出て。そこから副都心線に乗り換えて東新宿へ。いたくシンプルな9分間の旅、のはずだった。なのになのに。渋谷での乗り換えはスムーズに行き、迷う事なく副都心線のホームに到着。すぐに電車が来たので乗車。無駄な時間ゼロで最高。そして扉のところに寄りかかってしばしのツムツムタイム。なんなんでしょうね。昔はゴム段や鬼ごっこなどで遊んでいて、いわゆるゲーム類がほとんどなかったからか40半ば過ぎた今、暇さえあれば携帯ゲームをやってしまう。ま、それはさておき。ふと気づくと新宿三丁目駅。あれ？　渋谷からいくつかある間の駅、止まった？　全然気づかなかった。

逆の扉だったのかなぁ？　と言うか気づかないほどゲームに夢中の47歳、恥ずかしい。扉が閉まり、電車出発。またツムツムに興じる私。途中、急に明るくなったので顔を上げる。あ、ホームか。……ん？　ホーム着いたのに、スピードが落ちない。あれ？　どした？　あれ？　そのまま通過。どういうこと？　ふと見上げた時、目に飛び込んできた扉の上のモニター。そこに表示されていたのは「次は池袋」。いやいや。ちょと待ってちょと待ってお兄さん。新宿三丁目の次は東新宿でしょ。どうして池袋？　その答えはモニター内に書いてありました。「急行」。ん？　ちょっと待っていただけます？　東京で地下鉄で急行って言ったら、だいたいその路線の間は各停で。その前後の〝○○線直通〟の○○線エリアに入ってから急行になったりする事多し。だから間の駅をすっ飛ばすなんて考えてもなかったのよ。ま、よく考えたら東西線とかあるけど。そしてそもそも急行も何も知らずに乗りましたけども。

そこからは何となく気が急いてしまいまして。ツムツム中断。新宿三丁目から池袋に向かう6分間が長く感じるったらありゃしない。そんなこんなで〝やっと〟着いた池袋。ちょうど逆方向の電車が向かいに到着するのが見えた。ラッキー。ダッシュで乗り換える。プッシュー。扉が閉まり一安心。これで東新宿に行ける。さて、ではツムツム再開いたしますか。ふと扉の上を見上げる。するとモニターに見覚えのあるあの文字が。そうです。「急行」です。え？　また？　「次は新宿三丁目」ですと？　ああ。またやったか、私。今後悔したばかりの失敗を、あっと言う間にまたやったのか。なんと愚かな。再び東新宿駅を通り過ぎて新宿三丁目へ。ため息交じりに下車。何をやっているんだ。ホームの向かいへ。今度こそ、と駅の電光掲示板をしっかり確認。次の電車には「各停」の文字が。よし、今度こそ。今度こそ、なのに今度はなかなか電車が来ない。さっきは連続で電車が来たじゃない。何故？　神様はどうしてこんな試練を私にお与えになるのですか？　そうしてやってきた〝各停〟に乗り込み、一駅先の東新宿駅で無事に下車。そう。そうなの。私はここに来たかった。ずっと来たかった。東新宿。ずっとすれ違いだったわね。あなたはとても近いのに、とても遠かったわ。

他にも朝新聞を買ったことを忘れ、昼頃にまた同じ新聞を買い、しばらく読んだ後に「あれ？　この漫画のオチ知っているなぁ。」でその過ちに気づく、とか。こんなのは言い出したらキリがない。って言うかこんなにいろんな事忘れちゃうのに、こういう事件の詳細は覚えているの、何でだろう？　ん〜、今度テツandトモに歌ってもらおう。覚えていたら。

〈今日の乾杯〉春キャベツと蛤のお浸し。こんなに暑かったり寒かったりしたら、私に季節を教えてくれるのは〝食〟だわ。ありがとう〝食〟。季節は、春。〝酒〟は年間変わらずよく冷えたビールで。

朝食

薄々、いや、はっきりバレていると思いますが、私の生活の中で一番大事なものは〝食〟でございます。群を抜いて〝食〟。「何か妥協したモノを食べている時に隕石が落ちてきて死んだら後悔する」と言うリアリティのない架空の話を、どこかでホントにそう思っていて。出来うる限り〝美味しいもの〟を食べたいんです。だからいつも〝次の食事〟の事を考えておりまして。「次の仕事の間は時間ないから、あのコンビニのあのサンドイッチを買っておこう。」とか「新幹線が〇時に品川に着くから、駅のお惣菜屋さんで夜の晩酌用のおつまみ買おう。」とか。

もちろん朝食だって手を抜きません。一日の始まりですからね。しかも朝昼兼用でいただく事も多いので、かなりしっかり食べるんです。カレー、パスタ、定食などなど。一日のエネルギーを溜め込むかのようにモリモリいただきます。そんな中、自分でも本当にお腹がすいているのか、それとも寝不足で胃袋が変なのかよくわからないけど摂取する、〝早朝のガッツリ朝食〟たるものがございます。例えば4月から土曜朝7時スタートの文化放送「ラジオのあさこ」という番組をさせていただいておりまして。朝はだいたい5時前には起きて文化放送へ。途中、コンビニに寄るのですが、こないだは汁なし辛口担々麺と大きめの餃子が3個も入っているスープをチョイス。6時前とは思えぬハードメニュー。スタッフさんのどよめきも気にせずガツガツ食しましたところ、本番前〝ポンポン痛い痛い状態〟に。単に辛いものでお腹を壊したのか、47歳の胃袋からの「やめてくれ」のサインなのかは定かではありませんが。それでも懲りずに食べる私。もう〝妖怪大食いババア〟と呼んで下さい。

そんな〝目覚めの食〟で先日事件が。その日は地方ロケの為、早朝空港へ。お店もほとんどやっていない中、朝から開いているおそば屋さんによく立ち寄ります。そこはちゃんとおそばも茹でたて、天ぷらなども揚げたてをいただけるので、他よりちょいとだけ高めではありますが、美味しいのでよく行くんです。

その日も4時半起きだった私は、相変わらず本当にお腹すいているのか、胃腸の麻痺なのかは不明ですがお腹はちゃんとグーグー鳴っておりまして。なので相も変わらずガッツリ系のかき揚げそばを注文。ちょいと厚めのかき揚げをおそばの上に乗せる。その途端、出汁のきいたおつゆにサーッとかき揚げの油が広がる。最初茹でたてのおそばをすすったら、サクサクの状態のかき揚げにかぶりつく。だんだん崩れてきて、最後おつゆを吸ってヘナヘナになった夕マネギも最高。想像しただけで興奮しちゃうぜ。そんな大好きなかき揚げそばを頼んだんです。会計を済ますと「出来上がりましたらお呼びします。」と番号の書いてあるブザーを渡される。新聞を読むこと数分。ブーッ、ブーッ、ブーッと強めのバイブと共にブザーが鳴る。カウンターに取りに行くと、私は一瞬止まりました。あれ？　かき揚げが、乗ってない。ただおつゆに浸かったおそば・かけそばが出てきたんです。「あの、すいません。私、かき揚げそば頼んだんですけど。」と言うとそのお姉さん。伝票を見ながら「かけそばになってます。」……ん？　なってます？　いやいや。券売機で私がかけそばのチケットを買ったんだったら「かけそばに〝なってます〟」でいいですよ。でもこっちはかき揚げそばと言ったのをそちらがレジ打ち間違えたわけですから〝なってます〟はおかし……まあ、まあ。落ち着け、私。朝ですし。私の滑舌も悪くて〝かき揚げそば〟が〝かけそば〟に聞こえちゃったのかな。だとしたらこっちも悪い。「すいません。かき揚げそばいただきたいのですが。」と再度言うと、ぶっきらぼうに手を出して「かき揚げ３００円です。」まあ、まあ。きっとこのお姉さん、ゆうべ彼と別れたのかも。だったらこのぶっきらぼうも仕方ない。３００円を払う。するとそのかけそばの乗ったトレーを私の方に改めてスッと出した。「えっと……」と戸惑っていると「かき揚げ出来たらお持ちしますので、先にそば食べててください。」え？　先に？　先におそば、だけを？　あれ？　私が食べたいのはかき揚げそばでござんすよ？　「えっと。すいません。私かき揚げそばを……」と言いかけるとお姉さんが一言。「あ、かき揚げとご一緒がよろしかったですかぁ？」ドッカーン。あさこの〝イライラ火山〟爆発です。そりゃあご一緒がよろしいですよ。だってかき揚げとおそばのハーモニーを楽しみたいんですもの。じゃあお姉さん。もし私がカツ丼頼んだのに玉子丼が出てきて「カツが出来たらお持ちしますので先に玉子丼食べててください。」って言う？　カフェオレ頼んだのにコーヒーが出てきて「ミルク搾ったらお持ちしますので先にコーヒー飲んでてください。」って言う？　アメリカンドッグ頼んだのにフランクフル……あらやだ、私ったら。取り乱しまして失礼いたしました。結局そのやりとりを見ていたベテランおじさまが新たなるかき揚げそばを作ってくださったのですが、飛行機の時間がギリギリになって半分くらいしか食べられず。無念。

それにしても落ち着いて思い返すと、47歳がかき揚げそば求めて早朝に食い下がる姿はお恥ずかしい限り。って言うか、私。食べなくても十分にエネルギーありますね。オホホ。さ、明日の朝は何食べよ。セブンイレブンのチーズタッカルビ弁当とかいっちゃおうかしら。ゴクリ。

〈今日の乾杯〉たこぶつ。先日岡山ロケで朝早くからの撮影だった為、前日の夜から倉敷へ。フラッと入った居酒屋さんにて名物のたこをば。岡山の地酒もたくさんあって、あっという間に岡山大好き人間の出来上がり。

ドラマ

わたくしの記憶喪失みたいな話をよく聞いていただいておりますが、何故か昔の事はよく覚えているものでして。特にドラマや映画。下手したら台詞をほぼほぼ丸暗記、なんて事も珍しくなく。その中でも本当に大好きな、いや、大好きすぎるドラマが2つありまして。なんと先日、その主人公の方々と立て続けにロケをし、その大好きな名場面を一緒に再現していただくと言う、「私もう、死ぬんじゃないか」レベルの幸せチャンスが舞い降りてきたのです。

その一つは「ADブギ」。あの〝ブギ三部作〟のラストを飾る名作です。ダウンタウン浜田さん演じる主人公の巧はチーフAD。「5年経ったらディレクターになっておまえの一生演出したるわ。おまえが主演女優で俺が監督」なんて言って付き合いだした彼女・直子（相楽晴子さん）としょっちゅう喧嘩しながらもどこかでお互いの事を思い合いながら同棲している。

実は当時、私にも人生初めての〝彼氏〟と言う存在がおりまして。その彼も出会った頃は「将来映画監督になるんだ」と言う夢を熱く語っておりまして。しかもうっかり舞台女優を目指していた私に「いつかあさこを撮りたい」なんて言うＡＤブギのような台詞まで言ってくれちゃったわけで。そりゃあ恋を初めて知ったばかりの私は働かない彼の為に、そして怖いおじさんが取り立てにくるほどの借金をした彼の為に、馬車馬のように無休でバイトしますよ。そんな彼に「ホントにあんたは！」なんて言いながら同棲してたもんですから、もう私の中で「ＡＤブギ」なんですよ。

しかもその「ＡＤブギ」に出てくる巧のプロポーズが、私の中で一番最高のプロポーズなんです。簡単に言ってしまうと要は「おまえとおるとおもろいんや」なんです。正直「綺麗だ」とか「かわいい」と言う言葉と無縁な人生を送ってきた私にとって「おもろい」は最強の褒め言葉であり、信用おける口説き文句だったんですよ。だってそりゃあ美人であるに越したことないであろう中、「おもろい」が好き、なんてなんか〝マニア〟と言うか。絶対な感じがすると言うか。

そんな憧れのプロポーズシーンをなんとまさかのご本人・浜田さんとやらせていただけることに。毎日放送「ごぶごぶ」と言う浜田さんの番組に私がゲストで呼んでいただきまして。この番組はゲストが誰かも何をするかも浜田さんには内緒。ゲストの〝浜田さんとやりたい事〟で進んでいくのですが、こんな風に浜田さんと二人で出かけるなんて事は一生ないと思うので、思いっきりやりたい事を伝えました。その一つが「ＡＤブギ」のプロポーズシーン。

今回はわたくしが若き頃に購入しました「ADブギ」のビデオがありまして。DVDじゃないですよ。VHSです。その最終巻・第4巻の表紙がそのプロポーズの後の二人のチューの直前写真なんです。図々しくもその再現をお願いしました。更にもう一つ。チュー直前でストップしたらカメラマンさんがシャッターを切る。その瞬間、主題歌の楠瀬誠志郎「ほっとけないよ」をかけていただくべくスタッフさんにカセットデッキをお渡ししたりして。そんな夢のような時間はあっと言う間に終了。でも一生残る大切な記念が出来ました。ありがて過ぎです。

そしてもう一つは「男女7人夏物語」。言わずと知れた明石家さんまさんと大竹しのぶさんの名作です。〝秋物語〟ももちろん好きなのですが、〝夏物語〟は超特別。この当時は高校生だったのでそんな恋愛知らなかったけれども、後にお付き合いした方が〝なんでも言えちゃう自然な関係〟〝関西と関東の組み合わせ〟〝親友みたいな感じからお付き合いを始めた〟などなど「わあ！　一緒！」と思っちゃう部分が多々ありまして。高校生の時も大好きだったけど、後からまたまた勝手に自分と重ねて、再びハマりまくったドラマなのです。

そんな〝夏物語〟で一番好きなシーンはやはり土砂降りの中での告白シーン。「おまえが好きやのや！」のシーン。そのシーンの再現チャンスもなんと、やって来たのです。先日さんまさんと女芸人17人で1泊2日の旅をするという夢のような企画がありまして。その中でオンエアされてないのですが裏でたっぷり〝夏物語〟させていただいたのです。そもそもファッションテーマ〝男女7人夏物語の賀来千香子さん〟で参加した私。夜の宴会では〝夏物語〟でおなじみの〝ブーツ形ビールグラス〟を用意。ドラマと同様、〝ブーツのつま先を上に向けて飲んでビールがカポッと顔にかかっちゃう〟スタイルで乾杯。そして夜のカラオケで〝あの〟チャンス到来。鬼奴ちゃんがドラマの主題歌「CHA-CHA-CHA」を入れたのです。チャンス！　さんまさんに「あのシーンやってもイイですか？」と勇気を出して言うと「いいで。」と快諾。奴ちゃんが歌う「CHA-CHA-CHA」をBGMに「恋人は千明でしょ！千明の心配しなさいよ！」と桃子の全台詞を完コピで言うと、最後さんまさんが「おまえが好きやのや」。32年前の私、見てる？　まさかのご本人で実現したよ！

奇しくも今やお笑いの大先輩のお二人と、ドラマ当時は自分がお笑いと言う仕事に就くなんて思ってもいなかった私が、こんな風にご一緒させていただくようになり。更には大好きなドラマの再現をやっていただくようになるなんて、本当に奇跡としか言いようがない。こんな事は二度とないだろうから、後はもう妄想の中で再現しよう。「東京ラブストーリー」の〝学校の柱に書く相合い傘〟と「ロングバケーション」の〝うっかり同居〟……あ。「少女に何が起ったか」の〝紙のピアノじゃ、指が沈まない〟もいいなぁ。ああ、もうドラマが止まらない。ご存じない世代の方は是非DVDでどうぞ。

〈今日の乾杯〉日テレの滝菜月アナからいただいた彼女の故郷・北海道音更町のアスパラ。シンプルに茹でてみたのですが驚くほどに味が濃く、結局添えたマヨネーズもつけずに完食。北海道、さすが。

忘れな草

毎年この年齢を一つ重ねる頃になるとやってまいりますのが〝年に一度のババアの悪ふざけ〟タイム。そうです、単独ライブです。今年は6月14日（木）銀座博品館劇場にて〝いとうあさこお誕生日会「忘れな草～覚えないんじゃない　忘れるんだ～」〟をやらせていただきました。

今年は48歳と言うことでオープニングはフネさんでいきました。ええ、サザエさんのお母様・フネさんです。いやね、48歳って何かないかなぁ、と思いまして。いろいろ調べたんですよ。そうしたら〝西郷隆盛が西南戦争を起こした年〟とか〝アレクサンダー・フレミングと言う方がペニシリンを発見した年〟とか〝聖徳太子が亡くなった年〟とか。そんな中突如飛び出してきた情報が〝フネ48歳〟。え？　ホントに？　細かく言うと今は〝50ゥン歳〟と言うフワッとした年齢になっているそうなのですが、原作で48歳とのこと。41歳の時、♪41歳の春だから～、なんて歌いながら「とうとうバカボンのパパと同い年だよぉ」なんて嘆き笑いましたが、今度はまさかのフネさんと同い年。いやいや、待ってくださいよ。だってフネさんですよ。サザエさん一家の〝おばあちゃん〟ですよ。48歳って言ったらマライア・キャリーも同い年なんですよ。ねえ、想像してみて？　私、フネさん、マライア。はい、花の同級生トリオです。……怖い。

そんな葛藤の末、「フネさんやろう」ってなりまして。なら白髪のカツラとか作らなきゃいけないかなぁ、なんて改めてちゃんとフネさんを見たところクリビツテンギョー。白髪が全然ない。しかも今、髪が短いので一つに結ぶとフネさんの髪型にそっくり。（松浪健四郎さんにも似ておりますが。）その上二人共、丸顔&富士額なもんですからカツラなどの準備なくそのままでいけるな、と。むしろ私の方が若干ハゲてる位だぞ、と。私、もう、フネさんでした。あがいてすいません。

ちなみにですが私がずっと大好きだったユパ様。「風の谷のナウシカ」に出てくる、なんて言うんだろう。んー、〝すげぇ人〟です。風の谷の重鎮です。とにかく強くて優しくて、頼りになりまくりのヒゲのおじさんです。私はずっと〝元気な長老〟くらいに思っていたんです。そんなユパ様の年齢も調べていたら出てまいりまして。なんと……45歳。45ですよ、45。私より3つも年下。ユパ様が中1の時、私高1。〝様〟を付けて呼んでいた人より私、3歳も上だったなんて。ああ、これが一番ショックかも。

そしてライブではもう一つ48を。48で忘れちゃいけないのがやはりAKB48グループ。実は単独ライブのラストに必ずやる完コピダンス、と言うのがありまして。映画「フラッシュダンス」のオーディションシーン、「シカゴ」のダンスシーン、そして欅坂46・SPEED・E-girlsなどのPVの芝居部分も含め全部動きを覚えて再現してきたのです。中でもAKB48は本当にお世話になっていて（勝手に）。「RIVER」「ポニーテールとシュシュ」「Everyday、カチューシャ」。テレビの企画も含めると「会いたかった」「恋するフォーチュンクッキー」「Lie」（ノースリーブス）など数え切れないほどお世話になっております（勝手に）。そして今回48歳ですから。そりゃあ48グループの楽曲をやるしかない、となりました。ただ何の曲にするか悩みました。初めて覚えた「RIVER」をもう一回という案も出たのですが、せっかくですから何か新しいものを踊りたいな、と。ホントに長い事悩んだ末に出した結果は「真夏のSounds good!」。それもただの「真夏のSounds good!」じゃない。JKT48の「Manatsu no Sounds Good!」です。JKT48。ジャカルタ48。インドネシアです。ファミレスで何かないか考えていたときに「そう言えば」と、ふと世界の48グループを思い出してチェックしてみたんです。そしたらJKT48のPVにたどり着きまして。なんて言うかねぇ、かわいいんですよ。垢抜けてないと言うか。あ、わからないですよ。インドネシアから見たら垢抜けているのかもしれないけど、私からするとちょっと素朴と言うか。でもその感じがすごく良くて。で何回もPV観てたら「岡山のフルーツ大使も務めたメロディー・ヌランダニ・ラクサニちゃんはさすがセンターだけあってかわいいなぁ」とか「ジェシカ・フェランダちゃんの笑顔ってちょっと色気あっていいんだよね」とか「でも結局仲川遥香ちゃんは間違いないよね」なんてどんどんハマっちゃいまして。もうJKT48、最高。
　他にも「本当のやさしさ」と称して〝ババアが「恋ダンス」を踊って見せることで「どれだけ新垣結衣ちゃんがかわいかったのか」を教える〟をしてみたり、幕間VTR「おかみさんといっしょ」ではパジャマで大久保さんちにおじゃまする本当の意味での『パジャマでおじゃま』をしたり、最後客席を「長い夜」を歌いながら練り歩いた時にばっちり両親と会っちゃったり、といろいろあった120分。打ち上げでは「やっとビール！」どころか、ジャスミン茶をペロペロするのがやっとな位、精根尽き果ててしまいました。でもそれだけまた、48歳になったばかりのわたくしを最後の一滴まで絞り出せたかな、と。会場にお越しの皆様も、チケット取れずに「残念」と言ってくださった皆様も、なんとなくこのライブの事を頭の片隅に置いておいてくださった皆様も、こんな私を見守ってくださいまして、本当に本当にありがとうございました。また1年踏ん張れそうです。どうぞASK48を、そしてJKT48をよろしくお願いいたします。

〈今日の乾杯〉単独ライブが終わった翌日、大久保さんにイタリアンに連れてっていただきまして。最後サプライズでバースデー〝チーズ〟が！　こういうの出てきたら反射神経ですぐロウソク吹き消しちゃう。嬉しかったぁ。この後ワイン2本いったのは内緒。

グッズ

ライブに行くとついつい立ち寄ってしまうグッズ売り場。小学生の時、初めて行ったマッチのコンサートでは、そんなにお金も持っていないし、そもそも〝グッズ〟と言う知識がなかったので（と言うかグッズ売り場はあったのか？）特にグッズらしいグッズは買わなかったのですが。強いて言えばその時のチケットの半券が私にとって初めての〝グッズ〟ですかねぇ。今でも宝物として大切にとってあります。

高校生になってTHE ALFEEのコンサートに行くようになった頃には、お小遣いが月3000円もらえるようになりまして。大好きだった坂崎さんのギターをかたどったピンバッジやお名前の入ったピックなど、自分としてはちょいと〝大人な〟、そして〝お揃い感〟を感じるグッズを購入。しかも夏のイベントの時は、チケットがバンダナやワッペンで。もうそれ自体が〝グッズ〟で最高でした。

更には2013年。サザンオールスターズ〝無期限休止〟からの活動再開ライブでは、もう嬉しすぎて開演の何時間も前に新横浜に到着。カンカン照りとはこの事だ、と言わんばかりの激暑の中、まず日産スタジアムへ。グッズ売り場へGOでございます。ここぞとばかりにもう大人買いですよね。キャップ、サングラス、Tシャツ、タオル、ビーチサンダルなどなど。それらを同じく購入したメッシュバッグに入れ、もう一度大汗かきながら新横浜駅へ。そうです、トイレで着替えるのです。もう家から着てきたのは下着とGパンのみ状態。この頃は少しお仕事もいただきだして数年経っていたので、〝変装〟も兼ねての全身着替え。まぁキャップとサングラスあったら完璧でしょう。意気揚々とトイレから出てきた瞬間、並んでいた女子達が口々に「いとうあさこじゃね？」「あれ、あさこだね。」〝はりきり感〟含め逆に恥ずかしい結果となりました。

そんなわたくしが毎年やらせていただいている単独ライブ。その初回2010年の時は〝40歳の誕生日を記念して〟と言うのもあったので「ちょいとグッズとか作ってみる？」なんて話が持ち上がりまして。初グッズなので超ベーシックに〝Tシャツ〟はどうだ？と。デザインは妹がそういう仕事をしているのでお願いしまして。「ああでもない」「こうでもない」を何十回も繰り返したTシャツは自分で言うのもなんですが、紺地にピンクの文字でなかなかかわいく仕上がりました。しかも希望通りの〝誰のかわからないTシャツ〟。だって〝いとうあさこのTシャツ〟って分かると恥ずかしいじゃないですか。一瞬なんか英語が書いてあるなぁ、位で。よーく読むと「あなたはどっちが好きなの？　18歳の女の子と40歳のあさこ」って書いてあるみたいな。

しかも40歳記念だったので40枚〝限定〟に。だってほら、人って〝限定〟に弱いんですよね？　きっとすぐなくなっちゃう。そう、思っていた、のに……。私、自分のライブにお越しくださるお客様が〝女子〟中心だと思っていたんです。ネタがアラフォーの悲哀でしたから、同世代の女性が主だと。だからS、Mを中心のサイズ展開に。いやね、ある意味合っていたんですよ、同世代の女性で。合ってはいたんです。ただ正確に言うと、〝同世代〟の〝オネエ〟の皆様。と言うのも〝同世代女子〟が大好きな80年代のアイドルのモノマネを「細かすぎて伝わらないモノマネ」でやっていた私を早くから応援してくださっておりまして。で皆様、割と体が大きめの方が多く、少ししか作らなかったL、LLがあっと言う間に完売。40枚限定だというのに、まさかのS、Mが売れ残ると言う悲しい結果になったのです。

そこから〝グッズ〟に手を出さなかった私。それが昨年。20周年記念ライブという事で、久しぶりに〝グッズ〟を作ろうかと。またまた妹と熟考の結果、缶ミラー6種と手ぬぐい2種を制作。これがですねぇ。缶ミラーはお手頃なお値段だったのもあってあっと言う間に完売したんですよ。ただ手ぬぐいが……いや、これまたとてもかわいいのが出来たんですよ。本染めで素敵な。それがライブ当日、私の本の発売日となりまして。その本も一緒に販売させていただいたところ、皆様、ミラーと本を買ってくださったようで。更に手ぬぐい、となかなかならず。いや、このコラムをまとめた本だったので、もちろん読んでいただきたいわけですから。皆様が本を買ってくださったのはホントにホントに嬉しかったんですよ。本当に嬉しかったんですけど、大量に残った手ぬぐいちゃん。どうしようか考えました。事務所のHPで通販みたいにして売る、とか。でもライブの物はライブで決着をつけよう、と。と言う事で決めました。

「今年も売る」

ただそのまま出してもつまらないので、私が土下座をしている〝21周年なのに20周年でごめんなさい〟ステッカーを作りまして。それをおまけに付けよう、と。ただ注文したシール屋さんから驚愕のメールが。

「原価を抑える制作工程を踏んでいる為、ご注文枚数より1〜5%不足した枚数でお届けする場合があります。正確な枚数をご希望の方はこの点をご考慮いただきご注文ください。」

いやいや、〝正確な枚数〟をご希望じゃない人っている？　そして〝考慮して注文〟ってどうすればいいの？　と言いながら結局、100枚注文して、まさかの107枚来ると言う。あらやだ。多かった。ラッキー。

そしてせっかくなので、今年のタイトル「忘れな草」にかけて〝忘れない用〟付箋なんてのも新たに作りまして。そんなわけで今年はたくさん買っていただきまして。ありがてぇです。ホントに。ただですねぇ、どちらも完売まではいかず。と言う事はですよ。また来年のライブで〝持ち越し〟販売って言うのもありですかねぇ？　そうやって毎年〝何年もの〟みたいに年々残っていった〝グッズ〟を並べていったら、10年後とかにはなかなかの品揃え。それも面白いかも。イヒヒ。と言うかそこまで元気でいられるよう、まず健康グッズでも買い揃えるとしましょうか。

〈今日の乾杯〉冷たい茶碗蒸しに、いつもの日本酒ロック。「暑は夏いねぇ」なんて昔ながらの親父ギャグで普通に笑い。器の招き猫に癒やされ。ああ、なんと幸せなひととき。

テンパりおばさん

わたくし、ちょいとテンパり癖がありまして。実は〝ちゃんと準備して物事に臨みたい〟タイプで。「急に」とか「すぐに」みたいになると不必要に慌てちゃうんですよ。本当にそういうのがイヤで、コンビニでレジに行く前にお財布出しておくのなんて当たり前。荷物が多い方なので家の前でモタつきたくないから、電車やバスなど降りる前に家の鍵をカバンから出して持っておいたり。とにかく前もって整えておきたいのです。

そんな私に〝慌て〟の試練が次々に降りかかる日が。それは先日、運転免許証の更新に行ってきた時のこと。駅から歩いている間に更新の葉書など必要なものをまとめたファイルはもちろんチェック済み。会場に着いたらそのファイルとお財布を出してスムーズに受付終了。いいよ、いい感じよ。

しかし、順調だと思ったのもつかの間。会場では受付のすぐ後ろが視力検査。私は両目で視力1・2。免許は両目で0・7あればいいので、今のところ一応〝条件（眼鏡）なし〟。ただですねぇ、両目の個性が強くて。左右が違い過ぎるんです。視力も1・5と0・2。遠視と近視。乱視も直乱視と倒乱視などなど。そんなめちゃくちゃな上に、ここ数ヶ月携帯で庭を造るゲームにハマっておりまして。いやね、正直なんでこんなに夢中でやっているのか、自分でもわからないんです。でもお屋敷の周りの小さな庭から始まって、噴水つけて、彫刻も飾って、馬やクジャクも飼ったりして。今は水辺に水車小屋を建てている真っ最中。そのゲームの後、実はしばらく焦点が合わなくなると言うか。ほぼほぼ何にも見えなくなるのです。ま、シンプルにやり過ぎなんですが。とにかく前日くらいは庭造りを我慢。更には〝目にいい〟でおなじみ・ブルーベリーの冷凍のヤツを買ってきて、前の晩、お茶碗いっぱいに入れて解凍。当日の朝、お箸でそのブルーベリーin茶碗を一気喰い。遠目から見たら、わんぱくな子供がご飯をガツガツ食べて「かあちゃん、おかわり！」みたいな光景。

電車の中では出来るだけ遠くを見たり、緑は目にいいと聞いたので、道ばたの木々をやたら凝視したり。そんなわけで目にいいことをたくさんしましたが、言っても〝メチャクチャEYES〟ですから、私。緊張はします。だからいったん落ち着いて、と思っていたのに、視力検査のおじさんがすでにこっちを見て「その受付の紙くださいな」感満載で手を伸ばしてきている。ヤバい。焦るぜ。急いでそちらに向かい、荷物を床に置こうとした瞬間「じゃあ始めますよぉ」。え？　ちょっと待ってくださいな。荷物やら上着やらを床に放り投げる。「慌てなくていいよぉ。」とおじさん。いやいや、おじさんが始めるって言ったから慌てたのよ。

検査は両目で3回。まずは大きいところから。はっきりわかる。〝慌て〟が残っていたのか、つい大きな声で「右！」と答えると、おじさんもつられて「あいよ！」そしてお次は「左！」「あいよ！」さあ、最後の一問。どう見ても右なのですが、ここでテンパり発動。まさかの一瞬右左が分からなくなる、と言う。でも急いで答えなきゃと慌てて「左！」「あいよ！」いやいやいやいや。「あ！　違います！　右です！　右！」と私。「あいよ！」とおじさん。「いやぁ、お姉ちゃんがあんまり元気に答えるからついつい『あいよ』って言っちゃったよぉ。」なんだろ、このほのぼのとした田舎感。東京都、ですけれども。

とにもかくにも視力検査は無事終了。ありがとう、ブルーベリー。ただこの一件でテンパり過ぎてすっかり汗びしょになった私。しかも振り向くとその視力検査のすぐ後ろが写真を撮るところ。やばい。〝慌て〟が止まらない。いや、落ち着いてあさこ。視力検査と写真の間に免許の住所などの間違いがないかチェックするコーナーがある。よし。その間に身だしなみを整えよう。〝清潔感〟をテーマにちゃんと髪の毛も後ろで1本に結わえてきましたし、〝感じよく見える〟でおなじみの白シャツを着てきましたからね。チェック中に髪を手ぐしで整えたり、シャツの襟をピンとしてみたり。でもそんなチェックはあっと言う間に終わるもので。しかも写真のところに並んでいる人が全然いないから、またまた係のおじさんがまっすぐこっち見て手を伸ばし「どうぞ」。ああ、〝慌て〟再発動。おじさんの横に鏡はあるけれど「そんな直しても変わらないよ」とか思われても恥ずかしいし、ええ、ええ。きっと大丈夫。椅子に座りながら最後のあがき。もう一度手ぐしで髪を整え、ハイチーズ、カシャ。

もうここまで来たらあとは講習を受けて、新しい免許を受け取れば終わり。ああ、よかった。すっかり一安心の私はびっくりするくらい微動だにせず皆が聞いている講習も、大きく、しかもいっぱいうなずきながら聞き。ビデオも〝ちゃんと勉強してます〟感100％で鑑賞。さあ、いよいよ免許配布です。「番号でお呼びしますので写真、住所など間違いがあったら受付に言ってくださいね。」手にした新免許……あれ？……写真……いや、合っているんですよ。あきらかに私ですもの。ただ撮影の時、テンパっておりましたから。汗だくだく、髪ビショビショ。そしてそれを後ろに流すように手ぐしで整えたわけで。写真に写っているのは、もう、〝オールバックのおばさん〟。いや、髪の毛も汗で光っちゃってとんじゃっているんでね。もう〝ハゲたおばさん〟と言っても過言ではない。これは〝間違い〟と言い張って受付に言った方がよいのでは？　いやいや、そんな事受け付けてくれるわけがない。ああ、なんであんなにテンパっちゃったかなぁ。これで私は数年間、身分を証明する時は〝ハゲたおばさん〟です。

〈今日の乾杯〉仕事帰り、大好きなDEAN&DELUCAに寄ったら正式なメニュー名は忘れちゃいましたが、アジアな焼き鳥を発見。先日シンガポールでサテー（焼き鳥）食べてから、この感じにどハマり中で。スイートチリソースなんてつけちゃったもんなら、もうビールが止まらない。ニクいヤツだぜ。

今日の乾杯アルバム

今まで美味しいお酒を飲ませてくれた、素晴らしいおツマミ達。是非眺めながら飲んでください。

2017年はセブ島で大久保さんとの乾杯からスタート。P.22

セブのホテルのオムレツ。このケチャップアートはかわいいの？かわいくないの？どっち？　P.17

フィリピン料理・チキンアドボ＆ビール with 海風＆波の音。　P.12

山椒が効いた一口ドライカレー。
P.26

ホタルイカとセリのアヒージョ。
P.34

広島の居酒屋さんの豊かなつきだし。
P.49

柚子の器でカニクリーム。熱燗と共に。
P.30

筍のステーキ。バター、最高。P.38

蛤のアヒージョを紙のお鍋で。
P.54

2019年正月 in メルボルン。昼間からピザ＆ビール。P.236

汲み上げ湯葉とヴィシソワーズ。
P.59

フォアグラの角煮、って何？ P.63

枝豆ガーリック炒め in ワイハ。
P.77

ほぐしたカニ。詰めすぎ。P.81

おしゃれイタリアンのオードブル。P.232

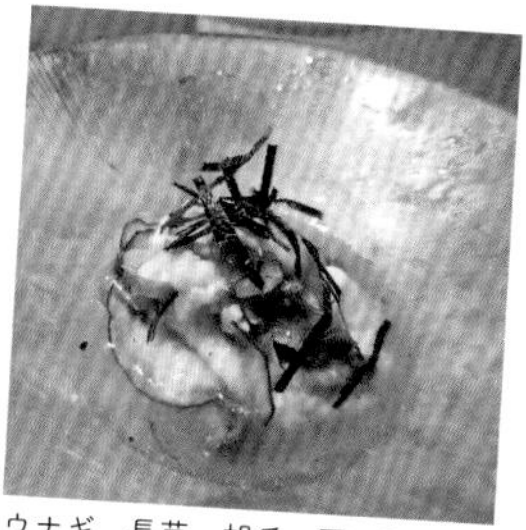

ウナギ、長芋、胡瓜。夏。P.68

「銀座アスター」蟹と豚肉の焼売。
P.189

妹からの引越祝いは酒と柿の種。
P.87

冷たい茶碗蒸しには日本酒ロック。
P.171

肉厚のかますに山椒とおろし。P.101

博多の空港でごまさば＆一本〆で〆。
P.106

つきだしでトマト。甘・酸・旨。P.115

2018年正月。ハノイビールと魚フライ。P.124

フグ刺し。あん肝を溶いたポン酢で。P.134

"柿"の器の"牡蠣"グラタン。P.110

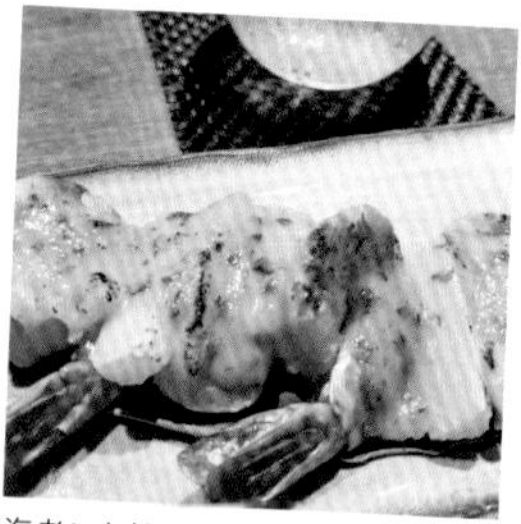
海老と生麩の木の芽味噌焼き。P.143

豚バラ角煮と新野菜の和風ポトフ。P.138

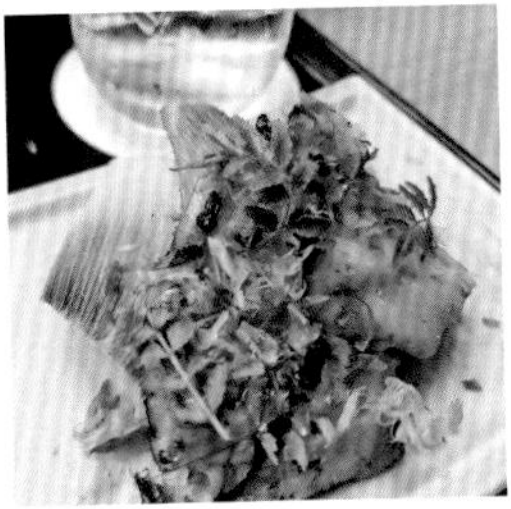
焼きタケノコ。異国から帰国後の一口目。P.148

春キャベツと蛤のお浸し。P.152

たこぶつ。前乗りの岡山にて。P.156

北海道音更町のアスパラ。味、濃。P.161

秋。秋刀魚。ワタの苦みもいい。P.203

誕生日のサプライズ。ケーキじゃなくチーズ。P.165

アジアな焼き鳥。甘辛ソースで。P.175

海鮮鍋の〆の雑炊。必殺いくら乗せ。P.222

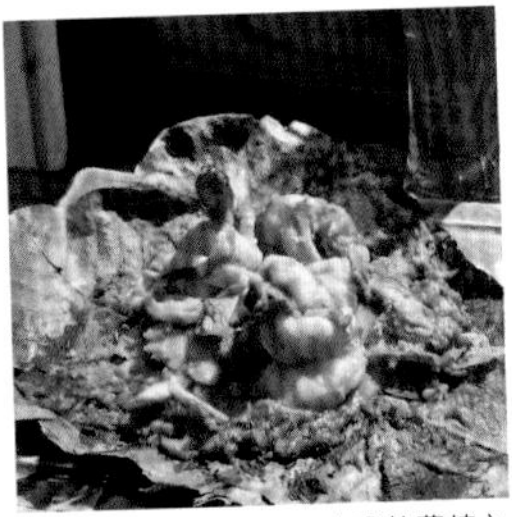

海老と秋やさいのエビ味噌朴葉焼き。P.218

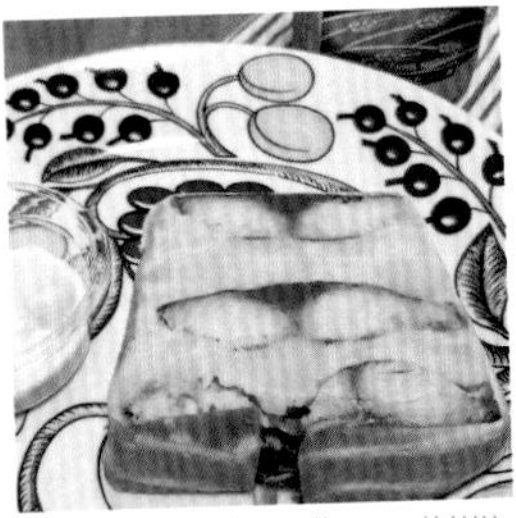

秋鯖とじゃがいものテリーヌ。P.198

「伊達の牛たん」厚切り芯たん。P.194

ナミダばばあ

涙は女の武器、なんて聞いた事あるけれど、今まで生きてきてその実感は一度もない。やっぱり〝武器〟になるのは〝美女〟が〝ハラハラ〟泣くヤツ。私は昔からNOハラハラ。どちらかと言うと、エグエグ。嗚咽系です。〝若さ〟と言う素晴らしきプラス要素ある20代でもエグエグ泣きは不評。私にエグエグされた相手は大概不愉快そうな顔して「早く泣きやまねぇかな」の空気感を出して黙るもんだから、すぐにその空気の重さが悲しみを上回り、耐えきれず泣き止む。そんな人生を歩んで参りました。

ただ最近あんまり泣かなくなったなぁと思って、それを友人に申しましたところ「え？テレビでよく泣いてるじゃん」のご返答。そう言えば「イッテQ！」だけでも、温泉同好会100回記念で大島ちゃんと長田ディレクターが「ありがとう！」を言い合いながらお相撲するのを見て泣き、皆で「栄光の架橋」を合唱しながら泣き、イモトが大好きな安室ちゃんと会えて話をしているのを見て泣き。ああ私、泣いているね。

でもなんで自分が泣いてないと思ったんだろう？　考えてみたのですが、多分昔は自分に降りかかった出来事から来る喜怒哀楽で泣いていた、と言うか。ちゃんと〝理由ある涙〟って言うんですかねぇ。例えば〝大事なサンリオのメモをなくした〟〝球技大会の卓球で負けた〟から卒業、転校、死などいろんな〝別れ〟などなど。もちろんそんな悲しい涙だけでなく、嬉し涙、悔し涙も含め、ちゃんと〝自覚〟を持って泣いていた気がします。それが最近は何で泣いているのかよくわからない。さっき書いた〝イッテQ泣き〟も感動っちゃあ感動なんですけどね。それだけじゃないと言うか。もっと言葉で言い表せない、ん〜、何かモヤモヤ・ゴチャゴチャいろんな感情が混ざり合った涙。

こないだも朝のワイドショーを観ていた時の事。いろんなフェスの特集をやっていて。「楽しそうだなぁ」とか「ユーミンさん出たんだぁ！」とか言いながら、普通にテレビを観ていたんですよ。ガッツリとカレーを食しながら。そうしたら葉加瀬太郎サマーフェスの映像も流れてきて。汗ダクダクの葉加瀬太郎さんが「1！　2！　3！」と情熱こもったカウントと共に、あの名曲「情熱大陸」を演奏し始めて。その♪チャチャチャチャラッチャ〜チャチャチャ〜ラッチャチャチャ〜のイントロを聴いたとたんブワァー、ですよ。号泣。朝カレー食べながらのエグエグ。ホントに何の涙かよくわからない。

そんなわたくしに先日事件が。文化放送「大竹まこと　ゴールデンラジオ！」で大竹さんが腰を悪くして数週間お休みしておりまして。その最中に〝スペシャルウィーク〟が。そうです、スペシャルなウィークです。太っ腹なプレゼントなぞもある、数ヶ月に一度の華やかな週。ただそんなわけでメインがお休み中、と言う事でその名の通り〝スペシャル〟な助っ人が各曜日参戦することに。「月曜日は伊東四朗さん！」おー!!「火曜日は吉田照美さん！」おーおー!!「我らが水曜日は……（いつもはワンコーナー出演の）きたろうさんといとうあさこさんがずっといます！」ズコーッ！「でもゲストは黒柳徹子さん！」ワーッ!! みたいな感じだったんですよ、前の週の告知の時は。ゲストは超スペシャル＆いつもの馴染みあるメンバーでお届けの水曜日……になるはずでした。はずだったのですが、放送の2〜3日前に連絡が入りまして。「水曜日のメインパーソナリティ、近藤真彦さんが来てくださることになりました。」……え？ 何の話？ しばし理解出来ず。だってそんな事が、そんなすごい事がそんな急に決まります？

いや、マッチさんとは何度かお仕事をさせていただいたりイベントでお会いしたりはあるのですが、小さな空間で、しかも少人数で、しかもしかも2時間半もご一緒するなんてないわけで。なんて言うのかなぁ。お会いできるのは本当に嬉しいんですよ。嬉しすぎて震えちゃう位。でもね、やっぱりあの時代の芸能界って雲の上の世界。〝アイドルはトイレに行ってもお花しか出ない〟伝説ももちろん嘘だって分かっていながら、どこか嘘じゃないかもと思ったり。そのくらい現実味ゼロの遠い遠い国の方なのです。だからこれまた言葉で言い表しにくいのですが〝会う〟とか〝会いたい〟とか言う感覚がないのです。

　でもう〝会う〟わけですよ。連絡が来てから数日のソワソワもひどかったですが、水曜日当日は自分でももう何をしているのかよくわからない。コンビニに新聞とC1000を買いに寄ったのに、何故かアイスコーヒーだけを買って文化放送へ。新聞もないからただただ所定の位置に座り、背筋ピン状態で誰かが来た気配を感じると立ち上がり、の繰り返し。そうこうしているところへご本人登場。正直この時の事をあまり思い出せませんが、自分に「仕事仕事」と言い聞かせて、努めて冷静に（人から見たらそんなに冷静でもなかったようですが）ご挨拶。本番中もラジオで声だけですからね。キャーキャーしたら聞きにくいから、これまた「普通に普通に」の呪文と共になんとか2時間半の放送を終えました。いやはやホントに楽しく、特に今でも月に一度はお食事をしていると言う黒柳さんとマッチさんのお話は永遠に聞いていたいと思うほど面白く。最後まで冷静に、いや、冷静な雰囲気を振り絞りながらマッチさんをお見送り。さあ、私も次の仕事へ、と車に乗った途端……あれ？　頬が濡れている。やだ、私、泣いてる？　しかも、〝ハラハラ〟と。何かがほどけたかのように私、ハラハラ泣きました。これまた何の涙か分かりませんが……ええ、良き涙です。小さい頃ずーっと聞いていたマッチさんのラジオ「マッチとデート」の文化放送で、そのマッチさんご本人と番組をやらせていただく日が来るなんて。そしてエグエグ派の私がハラハラ泣く日が来るなんて。神様ありがとう。また私、がんばるです。

〈今日の乾杯〉先日デパートの食品売り場をウロウロ。大量のシュウマイが蒸されてるのを見たらすごく食べたくなりまして。そのままエレベーターに乗り込み、上のレストラン街の「銀座アスター」へ。「蟹と豚肉の焼売」を注文。皮はペロペロ、中身の餡はしっかり。美味しすぎる。唯一の後悔はうっかり車で行ったので、冷たいビールと食せなかった事。

呑みロケ

♪八月は暑いから酒が飲めるぞ
酒が飲める飲めるぞ　酒が飲めるぞ

「日本全国酒飲み音頭」って曲なんですね。改めて歌詞を見ると「11月は何でもないけど」「12月はドサクサで」酒が呑めるそうです。いい歌だ。

そしてこの8月、歌詞通り、いや、〝暑いから〟は関係ないですが、お酒を呑む〝酒処〟ロケがなんだか続きまして。細かいのをあげ出すとキリがないのででっかいのだけ聞いておくんなまし。

まずは北海道・富良野。「北の国から」世代としましては富良野と聞くだけでテンション上げ上げ。ただ台風の影響でちょうどお天気がメチャクチャな時で。基本、小雨。時に笑っちゃうくらいのどしゃ降りで、気温も19度。こちとら平均気温が27度と聞いていたので衣装が薄手のTシャツ一枚。ああ、寒い。となると……もう呑むしかないですよね、ええ。〝あったまる〟為に、ですよ。ロケのスタートはジャガバター。もうそのジャガイモの美味しさたるや。甘くてほくほく&ねっとり。しかも惜しげもなくたっぷり乗っかっているバターちゃん。もう北海道、最高。「これだけのお料理がある時に〝お酒〟合わせないのは食べ物に失礼じゃない？」と言うよくわからない持論を持ち出して、ビールを持ってきていただく。う〜ん、合う。その後も大地の恵みを存分に吸い込んだ旬の野菜たっぷりのカレーやらシチューやら。もちろんその横には北海道地ビール。終いにはワイナリーですよ、ワイナリー。ワイナリー行って呑まないわけにはいかないですから。しかもチーズフォンデュまで出していただいちゃったもんだから赤ワイン2種、白ワイン2種をガブガブリンチョ。ああ、天国。

続きまして新潟。新潟↓米が美味い↓酒が美味い。しかも呑み仲間のオアシズ大久保さんとのロケ。これは呑まない訳にはいきません。旅のスタートは〝越乃Shu＊Kura〟と言う電車。Shu＝酒、Kura＝蔵。利き酒も出来る素敵な電車です。上越妙高駅から乗り込みまして長岡へ。乗車時間は約1時間半。その間、次々におつまみやら地酒が出て参りまして。そのおつまみも地元の食材をふんだんに使った、もうただただ「呑んでください」と言っているとしか思えない絶品ばかり。そうなるとお酒を持つ手が止まらない。その上〝晴れ渡った空に照らし出される日本海〟や〝ジャズの生演奏〟など更にお酒が進む要素が途中途中に出てくるもんですから。1時間半呑み倒し。午前中です。ロケの最初です。でもしょうがない。美味しいのをどんどん出してくる向こうが悪い。電車を降りた後も、酒呑みババア二人旅ですからね。何のお店に入ろうが新潟生まれの美味しいお酒たちが「ようこそ」と出迎えてくれれば「お邪魔します」と呑み干していくわけです。ただね、朝から晩までのロケは楽しいけど、やっぱり50近いですから。クタクタ。そんな中呑み続けたら、さすがに弱ってしまいましてね。いやね、量を自分で調節すればいいんですよ。「呑み干してください」なんて言われてないんですから。でもなんか「残すのは申し訳ない」なんて言いながら全部呑んじゃって。しかもカメラが止まらないと「おかわり！」とかなんかもしちゃったりしちゃうもんですから。ロケが終わる頃には「私、もうしばらくお酒いらないかも。」なんて弱音出ちゃったりして。

でもそこが「いらない」じゃなくて「いらない〝かも〟」なんですよね。だってすぐやって参りましたお次の仙台ロケ。仙台もグルメタウンじゃないですか。新鮮な魚介に牛タン、笹かまぼこなどなど、海の幸山の幸満載。そうなるともう脳内では♪酒が飲める飲めるぞ、です。ニヤニヤです。このロケは「ヒルナンデス！」の生放送終わってから向かい、終電には帰る3時間半のスピードロケ。まずはウミネコと戯れながら海辺でいただくホヤのフライ。どう考えてもお酒のおつまみじゃないですか。仙台の缶ビールが売っているのをちゃんと見つける私。買っちゃう私。グビリする私。うん、こういう事。その後、お寿司屋さんではなんと気仙沼のフカヒレや、新鮮だからこそ出来る生穴子の握りが。大将が〝ケンコウイチ〟

と言う宮城のお酒も出してくださいまして。〃健康一〃だと思ったら〃乾坤一〃。でも美味しいお酒とお寿司で私、元気&健康です。最後は温泉で何故か男の子たちがお風呂に浸かっているのを見ながら呑む月見酒ならぬ〃人〃見酒。ええ、私、もう二度と「もうお酒いらないかも」なんて言わないね。

以前大久保さんに「あさこさんはなんでお酒呑むの？　酔いたいから？　美味しいから？」と聞かれまして。私は「美味しいから」と即答。お酒の味が好きだから呑んでおります、と。すると大久保さんは「私はちょっと〃酔いたいから〃があるよ。」更には「お酒は今日と明日をわけてくれる」「お酒は今日を終わらせてくれる」と。大久保佳代子名言集を作るならば必ず載せよう。でも確かに私も〃美味しい〃だけでなく、一日を〃リセット〃する為に呑んでいるところもあるなぁ。だって異国ロケとかで夜遅くまでの撮影で晩ご飯もままならない時、もちろん〃あれば〃ですがその土地の缶ビールを1本頂戴して部屋に帰るのです。それが常温だろうが何だろうが、1本呑むことでお清めみたいなもんかな。リセット出来た気がして翌日も頑張れるのです。お酒、いつもありがとう。

さ、今夜もこの後呑みロケ、と申しますか。大久保さんとプライベートで呑んでいるところにカメラが来てちょっとした撮影が。ま、撮影終わったらガブガブ呑むとするか。なんて言いながら、撮影中もきっとガブガブ、ですね。

〈今日の乾杯〉仙台ロケの帰り、駅で大好きな「伊達の牛たん」の〝厚切り芯たん〟をお土産に購入。長ネギをたっぷりとみじん切りして一緒に焼くと美味すぎて泣いちゃう。もちろん日本酒で乾杯。ああ、最高のリセット。

ゾワゾワ

昔から「この音イヤだ」とか「この感じダメ〜」ってありますよね。〝アルミホイルを噛む〟とか〝歯医者さんのキュイーン音〟とか〝紙でシュッと切る〟とか。これらは多くの方が「イヤ」「苦手」で〝ゾワゾワ〟するかと思いますが、先日私がゾワゾワした〝ある事〟が誰にも理解されない、と言うちょいとした事件がございまして。なので今回は皆様にとってどうでもよい事だというのは承知の上、その苦手な〝ある事〟をちょっぴし聞いていただけたらありがたし。

それは〝発泡スチロールをカッターでキコキコ切る〟です。以前ロケで、発泡スチロールをカッターで切ってお部屋に飾るオブジェなどを作っている方のおウチにお邪魔した時のこと。その話を聞いていた私の体に異変が。全身ゾワゾワ。歯&歯茎も痒くなり。自然に下顎なんか出てきちゃって。「ハハヒ（私）ホーヒューホ（こういうの）ヒハヘハホ（苦手かも）」と、もうハ行でしか喋れない状態に。でも一緒にロケをしていた方々にはその感じが伝わらず、ただただハテナ顔。いやね、子供の頃は工作の時間とかにやっていたと思うんですよ。ゾワゾワもせず普通に。この数十年生きてきた間で私に一体何があったのか、自分でもよくわかりませんが。いつしかこの感じが苦手になっていたのが、このロケで発覚したのです。

でもよく考えてみるとそういう〝症状〟は度々顔を出すようになっておりまして。先日も収録で〝上から降りてくる扉に挟まらないようにギリギリでかっこよく滑りこむ〟と言う企画がありまして。ただ床に引っかかったら危ないので、収録前に滑るようスタッフさんが床に粉を撒いておりまして。それを見ておりましたところ、やってきたんです。あのゾワゾワタイムが。その撒いた粉をうっすらまんべんなくする為に、手で粉をのばしていたんです。あ～っ!! わ～っ!! ゾワゾワ～!! これまた「?」とお思いになるでしょうが、今書きながら思い出してもゾワゾワしちゃう位ダメ。収録開始まで無意味に天井にぶら下がる照明を見たりして気をそらしておりました。

実はメイクでも一つその感覚になってしまう事がありまして。収録でメイクしていただく時に、ファンデーションの後にお粉をはたいていただくんですよ。テカリ防止の。その時に使うパフなのですが、フワフワしていて気持ちいいんですよ。気持ちいいんですが、それで顔をこすられるのがダメなんです。いやね、点で押さえていただくのは大丈夫なんですよ。鼻の周りやおでこなど、ギュッ、ギュッと一カ所ずつ押しつけるようにしていただいたら大丈夫。ただお粉を伸ばす為に〝頬骨に沿って〟や〝おでこ全体に〟とパフでこすられたら、もう〝ゾワ〟が止まらない。とは言え、それはテカってしまう、Tゾーンがオイリーな私のせい。メイクさんはそれを抑える為にやってくださっているのだから。なのでもうその間は静かに歯を食いしばり、手のひらを固く握りしめ、ひたすら時が過ぎるのを待つのです。

あと黒板。よく黒板をひっかく音がイヤだ、と言う方、いらっしゃいますよね。確かに私も好きではないですが、その何十倍も何百倍もイヤな事があります。それは〝黒板で書いた文字を指で消す〟です。これは授業で何度も目にしてきた光景。先生が書き間違いを指でこすって消す。もう想像するだけでダメ。あと黒板消しも、あのコーデュロイのような分厚い布で黒板をこするなんて耐えられない。更には綺麗にする為に、その黒板消しを黒板消しクリーナーにこすりつけるのもゾワゾワゾワ。あ〜、助けて。

これらの共通点。自分なりにいろいろ考えてみたのですが、おそらく乾いたものと乾いたものがこすれるのがイヤなのかな、と。例えば発泡スチロール。ヤツは切るとその粉と言うか粒が体に付くじゃないですか。つまり静電気を帯びるほど乾いている。そこにカッターの刃、と言うよりも金属の側面が何度も押し引きされてキュコキュコこすられるのがダメ。床だって液体ならいいけど、粉という乾いたものを撒き、しかもそれを手で広げるなんて。最悪ホウキや何かしらの道具で伸ばすなら我慢出来る。それを手でやるもんだから、その手の感覚を勝手に自分の手に想像で反映させてヒャーヒャー言っているのです。以前テレビで、何か機械をつけて自分の手のひらを動かすとコンピューターが伝えてロボットの手が同じように動く、なんて言うのを見たことありますが、私の場合そんな最新コンピューターなんていらない。見ているだけで感覚が伝わってくる。パフの件だって若い頃は平気だったんですよ。ただ48歳の皮膚は乾いていますから。若くてみずみずしい肌だったあの頃とは違うんです。この乾いた肌に乾いたパフがこすれるからイヤなんだろうなぁ。黒板はもう、言わずもがな。

このゾワゾワ系だけでなく大人になって苦手になったのは〝カツ丼の上のグリンピース〟〝芋栗南瓜など甘くてねっとりしたもの〟〝車で通るレインボーブリッジ〟などなど、まだまだあるのですが、そのお話はまた今度……するかなぁ?

〈今日の乾杯〉またまたの登場、DEAN&DELUCA。地方から帰ってきて品川駅で開いているとついつい寄っちゃう。今回は「秋鯖とじゃがいものテリーヌ」。脂ののった鯖と甘いじゃがいも。この1枚で何杯でもいけるわ。秋の夜長、で丁度いっかー。

ふれあい

夏のある日。「マッコの知らない世界」を観ておりまして。その日は〝盆踊りの世界〟。盆オドラーと呼ばれる1日に何件も盆踊りをはしごする、いわば〝盆踊りのプロ〟が登場してきて盆踊りの〝楽しさ〟、そして〝他人と一体化する快感〟を熱弁。最後には各地で有名な盆オドラーのレジェンドたちが一堂に会し櫓を囲んで踊るのです。しかもそのレジェンドたちの踊りの面白さよ。ぴったり息の合ったシンクロ盆踊りをする美女二人組やまるで日舞のように踊る美しき青年。更にはご夫婦なのかな？〝酔っ払い踊り〟と言うまるで酔っ払っているかのように右へ左へ大きく動きながら（実は基本の振付のアレンジ）大胆に踊るお二人も。私は夢中で視聴し、気づけば部屋で机を櫓に見立て、その周りをグルグル。一人だけど、気持ちはテレビの中の盆オドラーの皆さんと一緒に踊っておりました。

そこへ時同じくして素敵なニュースが。中野の盆踊り大会にてボンジョビの「Livin' On A Prayer」で人々が踊った、と。もう最高に楽しそう。ただでさえもノレる曲ですが、盆踊りスタイルで踊る事で面白さが倍増。ああ、踊りたい。盆踊りたい。

そんな時、ポストに一枚のチラシが。なんとその10日後に近所の神社で盆踊り大会開催との事。これはもう「踊れ！」のお告げに違いない。即座にスケジュールをチェケラッチョ。おお……24時間テレビとジャストミート。これは仕方ない。結果、武道館にて全力でヲタ芸踊って超楽しかったので良し、ですが。

数日後、またポストにチラシが。今度はマンションのイベントで「中秋の名月の夜、屋上でヨガしませんか？」。正直ヨガのようにゆっくりとした動きはどちらかというと苦手なのですが、なんだか胸躍りまして。参加費５００円、定員30名。いいねえ。ただちにスケジュールをチェケラッチョアゲイン。おお……地方泊まり。んー、なかなかタイミングが合わないぜ。

ん？　ちょっと待てよ。私、「踊りたい」じゃないのかも。いや、確かに盆踊りにすごく行きたかったけれども、それはもしかして人と「ふれあいたい」からかも。そういう〝町のイベント〟に参加して、普通にいろんな人と「ふれあい」たいんだ、私。そう言えばもうずいぶんそういうところに行ってないからなぁ。思い出したように体が、心が、「ふれあい」を求めだしたのです。

するとナイスタイミング。妹からお祭りのお誘いが。妹が住んでいる所の近くに横田基地がありまして。そこで毎年行われる〝日米友好祭〟と言うお祭りがあるとの事。ちょうどその日は仕事が夕方からだったので、昼間に行ってみることに。メンバーは旦那と娘ちゃんを連れた妹ファミリーと兄貴と私の計5人。まず最寄り駅の牛浜駅で待ち合わせ。わたくしね、ナメてました。1時間ちょい電車に乗って東京から離れますから。だんだん空いてくると思ってたんですよ、勝手に。ところがどんどん人が乗ってきて、最後はギューギュー。駅に着いてホームに降りても、これまた人がパンパンでまったく動けず。少しずつ進む、じゃなくて動かず、です。結局皆と合流するまで、小さい駅なのに下車から13分。更に横田基地までのアクセスはあさこ調べでは10分くらいだったはずが歩道も人でパンパン。ガードレールもないので大渋滞中の車道にたくさんの人がはみ出すと、警察の方がメガホンで「歩道から出ないでくださーい！」そんな状態なので予定の倍以上、20分以上かかって横田基地到着。いやぁ、大賑わいです。どこもかしこも人・人・人。入り口から10分くらいかけて奥へ進むと出店がズラリ。ここで二手に分かれる事に。女子チームはドリンク、男達が食事を調達。〝Beverage〟コーナーに行くとメニューは〝Beer〟〝Coke〟〝Gatorade〟。ワオ、アメリカンだぜ。ビアアンドコークを購入。となると食事、いや、フードもオフコース、アメリカンだよね。ピザ、ハンバーガー、エトセトラエトセトラ。なんだろ、楽しみ。男達が全然戻ってこないので電話をしてみると「めちゃくちゃ混んでて、一番空いている列に並んだ」との事。行ってみると兄貴が並んでいたのは、牛丼。オウ、ジャパニーズ。確かに両側のアメリカンメニューのお店は長蛇の列。牛丼のところだけ列が短い。うん、美味しそうだけど。しかも

〝鬼盛り〟か。時間もあんまりないし。よし、牛丼だ。

さあ、レッツ ランチタイム。食べる場所を探します。特に椅子だのテーブルだのはなく、皆さん敷物やら、小さいテントなんかを持ってきて食事をしている。うっかり手ぶらな私たちに残された道は……地べた。なかなかの大人ですが、地べた。致し方ない。50歳前後のおじさん・おばさん4人と中学生が大混雑の中、ちょうど空いていた2畳くらいのスペースに座り込む。ちなみにこの日はなかなかの晴天。地べたの素材はコンクリ。となると、コンクリ、熱々。そんなコンクリに座り込み、鬼盛りの牛丼をコーラで食す。もう一度確認するね。えっと上から51歳、49歳、48歳、47歳、14歳。うん、がんばれ。

大汗だらだらかきながら食事を済ました一行は、展示されているいろんな飛行機を見ながら食後の散歩。子供の頃、飛行機やら戦艦やらのプラモデルを作っていた兄貴の知識は健在で、まるでそんな係の人のごとく一機一機詳しく説明してくれた。「ちょっとあの飛行機の写真撮ってくる！」と駆け出す兄の背中を見ながら、「見た目はおじさん、頭脳は少年」と名探偵コナンの真逆のフレーズを思い浮かべてニヤニヤしたりして。〝童心に返る〟とも違いますが、超久々の兄妹での祭り参戦。それぞれ家族も増え（私以外）時の流れも感じながら、どこかちょっと懐かしく、とても楽しい時間でした。思っていた「ふれあい」はなかったけど素敵な夏の終わりになりました。ああ、でもやっぱり「ふれあい」たいなぁ。そうだ。

近所の親友・大久保さんとこで愛犬パコ美とふれあわせてもらおう。よし、電話電話。

〈今日の乾杯〉この季節ですね。〝秋刀魚〟の名の通り、刀のようにまっすぐ輝く秋の魚。最近短くなった〝秋〟をワタの苦さと共に噛みしめながら、今宵もグビリ。

同姓同名

わたくしの顔はよくあるようで。沖縄のミュージシャン・アイモコのモコさん、韓国の女優・イ・ミドさんなど、実在する人物から、中国語の教科書の表紙の女性、「これがモンペです」の写真の女性、香港の資料館で展示されている謎の果実を持つ原始人などなど、アジアを中心に（自分の顔に西洋の〝せ〟の字も入っていないので当たり前ですが）自分でも「似てる」と思う方々は今までお会いしたり見たりしてまいりました。

生年月日がまったく一緒の方、も昔mixiが流行っていた頃、お二人繋がった事があります。同じ誕生日の芸能人が今では松たか子さんを始め、いろんな方がいらっしゃいますが、その頃は〝水戸黄門〟と〝ジェームス三木〟さんくらいしか知らず。だから誕生日、更に生まれ年まで一緒、だともう〝運命〟としか感じなかったです。

そんな中、今まで自分の周りにいなかったのが〝いとうあさこ〟。同姓同名です。〝いとう〟も〝あさこ〟もよくある名前なので、〝顔が一緒〟や〝生年月日が一緒〟より会いそうなものですが、なかなかご縁なく。同級生で〝いとう〟は何人もいたし、惜しいところでは〝さとうあさこ〟もいたのに、〝いとうあさこ〟はいなかったのです。

でも会わないだけで、世の中にはたくさんいらっしゃるはずで。人生最初の〝いとうあさこ〟は20歳の頃、男友達から電話が。「あの、さぁ……」と歯切れが悪い。「何？」と聞くと言いにくそうに「おまえさぁ……あの……AV出てない？」話を聞くとそいつがレンタルビデオ屋さんでアダルトコーナーに行ったところ、背表紙に「伊藤麻子」の文字を見たと言う。あ、わたくしの名前も漢字で書くと伊藤麻子。「勇気出なくてまだ手に取ってないんだよぉ」と。

それから何年後か、ネットが身近になった頃調べてみると、たしかに伊藤麻子さんという同い年のAV女優さんがおられました。他にも〝伊藤麻子〟がたくさん出てきまして。フルート奏者や大学教授、アナウンサーなどなど。となると一般の方も含めると〝伊藤麻子〟はすごい人数になるのでは？　でも〝子〟がつく名前は最近少ないから、20代がギリいるか？などどこかにいるであろう〝伊藤麻子〟の事を考えていたある日、テレビで見た「田中宏和の会」。とある田中宏和さんが発起人となり、日本中にいる〝田中宏和〟を集めていくんです。今や約140人もいらっしゃるそうで。そう考えると〝伊藤麻子〟なんてもっといそうじゃないですか？

実は先日、その願いが叶いまして。中京テレビの特番で〝いとうあさこ〟を集めて呑もうと言う企画が持ち上がりまして。その名も「同姓同名に乾杯！　いとうあさこと5人のいとうあさこ」。スタッフさんがSNSなどで〝いとうあさこ〟を検索してみるとゴロゴロ見つかったようで。その中の5人とお会いする事に。「でもね、あさこさん。今回ダメだった皆さんもすごくいい方ばかりで、スケジュール的にダメだっただけでとても来たがってくださいました」との事。お、〝いとうあさこ〟の評判いいじゃないの。なんか嬉しい。

今回は4軒のお店を回りながら各店で待つ〝いとうあさこ〟と合流していくスタイル。最初のお店にはお二人、二児の母の〝いとうあさこ〟36歳と水族館の飼育員の〝いとうあさこ〟27歳が。初めて会う〝いとうあさこ〟。なんだろ、不思議。まずはご挨拶がてらにお名刺を頂戴いたします。確かに〝いとうあさこ〟だ。そしてやっぱり最初に聞きたい事は「何か名前のせいでご迷惑おかけしていないか？」だってただでさえよくある名前。ネットでよく「病院でいとうあさこ呼ばれてたから見たら、おばあさんだった」的な書き込みを見かけますから。するとお二人とも口を揃えて「大丈夫です」と。「むしろ覚えてもらえるから嬉しい」とまで。さすが〝いとうあさこ〟は優しい。フフ。

特に〝水族館〟さんなんて私がテレビに出だした時なんて思春期まっしぐら中ですからね。「ホラ！　イライラしてみろや！」なんていじられてたら申し訳ないと思っていましたが、ネタ番組オンエア翌日は友達が「昨日もイライラしてたな」と笑い、〝水族館〟さんも笑う、みたいな。ありがたい。〝母〟さんはお店の予約する時に「いとうです」と。最近多い「下の名前もお願いします」に「あさこです」と答えると〝ザワザワ〟か〝クスクス〟だそうで。ですよね。すいません。

その後も次々に〝いとうあさこ〟が合流。誕生日も近くて、殿方の面倒みちゃう所とか、お酒好きで声がハスキーな所とか、なんだか共通点の多いコンテンポラリーダンサーの〝いとうあさこ〟47歳。かわいい声で喋るその雰囲気からは想像出来ないくらい素敵なお家やお店をバリバリ設計する一級建築士の〝いとうあさこ〟54歳。お医者様一家で育った超お嬢様で美人な美容外科の院長の〝いとうあさこ〟57歳。〝いとうあさこ〟勢揃い。

途中、筆跡占いコーナーも。それぞれ紙に名前を書いてみる。改めて本当に同じ名前なんだな、と。しかも漢字にするとお一人だけ〝あさこ〟が麻紗子でしたが、あと全員伊藤麻子。占いの先生も「こんなに一度に別々の人が書いた同じ名前を見る事がないからすごい！」と興奮なさっているご様子。一番幸せな〝いとうあさこ〟や金運いい〝いとうあさこ〟など見ていただきながら〝いとうあさこ〟達、大はしゃぎ。

生まれながらの〝いとうあさこ〟も、結婚してなった〝いとうあさこ〟も、同じ名前という事でこうやって集まっていっぱい呑んでいっぱい笑って。ああ、幸せ。ただこの6人の〝いとうあさこ〟は、きっと〝いとうあさこ〟のほんの一部。いつか日本中の〝いとうあさこ〟が一堂に会する日が来ないかな。一体〝いとうあさこ〟は何人居るんだろう？　一番年上の〝いとうあさこ〟はおいくつなんだろう？　一番お酒が好きな〝いとうあさこ〟は？　そんな事考えながら、その〝いとうあさこ〟の何分の一かであるわたくしは寝ようと思います。あ、今夜一番遅くまで起きている〝いとうあさこ〟は誰だろう？　ああ、眠れない。

〈今日の乾杯〉うなぎの酢の物。時折「まだ夏!?」と思わせるほど暑き日がやってくるこの秋には、このくらいザ・夏な一品で冷たいビールをゴクゴク。日本の素敵な〝四季〟はどこに。

ありがとう

ありがとう

大好きな言葉です。この「ありがとう」がタイトルの名曲。大江千里さん、SMAP、FUNKY MONKEY BABYSなどたくさんのアーティストさんが歌っていらっしゃいますが、その中の一曲、いきものがかりの「ありがとう」。先日、この曲を女芸人9人で歌ってきました。それは、杉原さんの結婚式にて。

杉原さんと言うのは「世界の果てまでイッテQ！」の『温泉同好会』のAPさん。言うなれば12人の女芸人のおっかさんです。ロケに大人数で行くことの多い温泉同好会。みんなが次々に「杉原さん、豆絞りありますか？」「杉原さん、この後のスケジュールどうなります？」「杉原さん、Wi-Fiお借りできますか？」と。あの一度に何人もの話を聞いたとされる聖徳太子のごとく、いや、それ以上の能力ですべてに答えていく。〝頭の回転のよさ〟〝気遣い〟において彼女以上の人はいない、と言っても過言ではない。

泥だらけ、汗まみれのロケも多く。でもその後の着替えやタオルの準備はもちろんの事、異国のシャワー室なんてちゃんと整ってない事も多いのですが、全部事前にチェックしてあって「ここは水の出が悪いですが、ここしかないので我慢してください」とか「ここは壁がないからタオルで隠しておきますね」とか。ちゃんと説明してくれるから安心もする。

あと時に〝送り人　杉原〟となる。以前森三中・大島ちゃんや私が、怖いアクティビティをする時。「行きたいんだよね。ホントは行きたいんだよね。行ってみよっか。」「大丈夫。足を一歩前に出したら進むから。いつものように歩けばいいんだよ。」優しい声で私たちを高い崖やビルの上から送り出してくれる。ホントに不思議なんだけど、そういう時ってパニくっているから人の声が聞こえなくなるのですが、杉原さんの声だけ聞こえてきたりするんですよね。松任谷由実さんや宇多田ヒカルさんなどが持つ〝1／fゆらぎ〟と言う人を癒やす特別な声のような、女芸人を癒やす特殊な〝杉原ゆらぎ〟があるのかもしれない。

何はともあれ私たち温泉同好会の女芸人たちは死ぬほど杉原さんにお世話になっているわけで。そんな大事な人の結婚式。披露宴で何か出し物を、と言う事になり、鬼奴とガンバレルーヤは仕事で来られなかったのですが、森三中・いとうあさこ・川村エミコ・バービー・やしろ優・おかずクラブの9人が集結。相談した結果、何か歌を歌おうと。いろいろ案は出ました。結婚式に合う歌はいっぱいありますからね。でもやっぱり私たちは杉原さんに〝感謝〟を伝えたい。そこで浮上したのがいきものがかりの「ありがとう」。歌詞を改めて読んでも本当にうちらの気持ちにぴったり。これでいこう、と。その時、森三中・村上が一言。「〝ありがとう〟のところさ、〝おめでとう〟に変えて歌わない？」ちょっと想像してみる。まさかのババア、泣けてきちゃいまして。「早い、早い、早い！」ですよね。

更にはせっかくだから合唱にしない？　と。おばさんはすぐハモりたがります。ロケバスでも皆で合唱ごっこしたりしてましたから。では半分メロディ、半分ハモり。いとう、村上、バービー、やしろがハモり隊に。正直相当練習しました。家でも移動の車の中でも。時にスタジオに集まって。皆、大事な杉原さんに「ありがとう」って伝えたくて。

いよいよ結婚式当日。教会でのお式では、花嫁さんが出てくる前の賛美歌で泣き、花嫁さんが入ってきて泣き、出て行って泣き、フラワーシャワーで「おめでとう！」って叫びながら泣き。披露宴に移っても高砂の花嫁見て泣き、杉原さんの生まれてからの歴史ＶＴＲで泣き、知り合いの素敵な挨拶と、それを聞きながら目が真っ赤になっている杉原さん見て泣き。もう〝泣き〟だらけ。そりゃあ、もうおわかりでしょうが、歌の時ももちろん、泣いちゃうわけです。

女芸人９人は途中抜けだし、温泉同好会の浴衣に着替え。司会の方の「温泉同好会の皆さんです！」の呼び込みで入場。９人横一列に整列。まずは杉原さんのＡＰと言う仕事は何か、どれだけ私たちはお世話になってきたか、と言うＶＴＲを見ていただく。この後歌うわけですから最年長、必死に唇噛んで涙こらえます。そしてVTRが終わり「本当に本当にお世話になっている杉原さんの為に歌います！」やっぱり大声出すとダメですよね。この宣言の途中で泣けてくるババア。「早い早い早い」と突っ込みながらも、泣きそうな顔をしている女芸人たち。「これはお祝いなんだから、ちゃんと杉原さんを見ながら歌うんだよ」なんて偉そうに言っていたくせに顔見ると涙が溢れてしまい、お恥ずかしながら全然見られず。ただただ上を見ながら振り絞るように歌いました。終わった後、その時の写真を見たら皆も上、向いていました。正直、上手いか下手かと言われたら決して前者ではなかったですが、杉原さんに気持ちがお届け出来ていたら、いいなぁ。

歌い終わった後、サプライズでゆいPが「おい！　旦那！　ちゃんと杉原さんを守れるのか？　守れるかどうか、私と相撲で勝負だ！　あたしを倒したら、認めてやるぜ！」と相撲を挑むくだりも。本当は旦那さんが嫌がるのを無理矢理ひっぱり出し、最後ゆいPがわざと負けて「おまえに任せたよ」。これがうちらの想定台本だったのですが、まさかの旦那さんノリノリ。しかも小柄な方なのにさすがは殿方。なかなかのいい取り組みを見せて、普通に勝つと言う。旦那さん、約束通り杉原さんを任せましたよ。

とにもかくにも涙と同じくらい笑いも溢れる素敵な結婚式でした。杉原さん、本当におめでとうございます。末永くお幸せに。あ、泣いたり笑ったりで何かが壊れたのか、披露宴でいっぱい食べたのにもかかわらず、大島・村上・いとう・バービーが式場の近くのイタリアンにてパスタ3皿・ニョッキ・生ハム・チーズ・ポテトフライなどなど、「お腹いっぱい」と言いながらバカみたいに食べ倒して気持ち悪くなったのは内緒で。

〈今日の乾杯〉広島に平野ノラ嬢と前乗りいたしまして。ホテル近くのお店でラクレットを。チーズの下は牡蠣・きのこ・ズッキーニ。白ワイン・赤ワイン、ガッブガブです。

消去！ 魔法の絨毯！

時々ここに登場いたします我が劇団・山田ジャパン。2008年の旗揚げ公演から早10年。十年一昔とはよく言ったもので、ホントあの頃は若くて、私もまだ38歳……あ、若くは、ないか。ま、何はともあれ10年が経ちました。旗揚げメンバーは11人。いろんな人が辞めたり、亡くなったり、新たに入ってきたり、また辞めたり。ホントにたくさんの人や出来事の変化の中、今に至る。そんな感じです。

11月上旬。その10周年記念の3連打公演・第一弾「消去！ 魔法の絨毯！」がありました。2000年代初頭にあった高収入バイト〝出会い系サクラ〟。そこで働きながらもがく若者たちと、若者もどきと、出会い系にもがくババアとが織りなす、痛くて愛しい物語。私はもちろん（？）その〝ババア〟です。サイト内にて〝しぐれちゃん〟と言う名前でどんな嘘も信じて恋をするババア〝脇本〟。愛する〝まこと〟の「俺、実は宇宙飛行士なんだ」「今乗っていた車が爆発して待ち合わせに行けない」なんて嘘も〝しぐれちゃん〟は信じる。それをサクラたち皆で見て笑っている。そうしてどんどんお金をつぎ込む。一見かなり痛々しく切ないのですが、実は脇本。全部わかった上で、そのやりとりを楽しんでいた。しかも〝しぐれちゃん〟以外にいくつものキャラを使って。そんなお話。

〝幸せ〟って何でしょうね。全部〝嘘〟ではあるけれど、「所詮は相手が作り上げたものと接するしかないんだから」と言いながらその架空の彼〝まこと〟と時にキャッキャと、時にねっとりチャットで会話して、恋を楽しむ。そんな脇本は人から見たら哀しいけど、きっと本人はちゃんと〝幸せ〟な気がする。

そう言えばちょうどこのお芝居の時代の頃。iMacと言うスケルトンのカラフルなパソコンが流行りまして。千川の古いアパートに住んでいた私はホントに貧乏でしたが、バイト代を貯めてオレンジ色のiMacを購入。初めて接する〝インターネット〟の世界は夢のようで、毎日いわゆる〝ネットサーフィン〟を楽しんでおりました。そんな時見つけたのが、あの頃なんて名前だったか忘れましたが、たしか〝チャットルーム〟みたいな。要は知らない者同士（男女）が一対一でその〝部屋〟に入ってお話をする。課金はなかったのですが、仕組みは出会い系と似ているページにたどり着きまして。緊張は死ぬほどしましたが、そこは若さと冒険心と申しますか。興味の方がガッツリ勝ちまして、いざ参戦。

ちなみに私の名前は〝雪乃〟。「踊る大捜査線」の水野美紀さんの役名で、本当に美しく哀しく素敵な女性で超憧れ。しかも水野さんのおかげで名前そのものの〝美人感〟強し。と言うわけで演じるわけですよ。30歳くらいの〝あさこ〟が可憐で美しく優しい20代の〝雪乃〟

を。これが自分で言うのもなんなんですが、すこぶる評判で。だってやはりまず〝雪乃〟でちゃんと綺麗な方を想像していただきまして。そんな〝イイ女〟が殿方の問いかけに丁寧に、敬語で、優しく答えていくんですよ。ま、正直最初は自分としてはいつも通り普通に言葉を返していたら相手に「こんな所で敬語を使う人を初めて見た」とえらく感動されまして。あ、そうなんだ、と。そこからは〝あえて〟、より丁寧な言葉遣いにしてみたりして。

そんな私の〝チャットルーム〟ブームは半年くらいで消え去ります。あの頃は特に深く考えてなかったのですが、今回こういうお芝居という事でこの〝チャットルーム〟時代を思い出しまして。あの時はどういう気持ちだったのか、自分の胸に手を当てて聞いてみたんですよ。「どうだい?あさこ?」あさこの答えは「楽しかった。」だって相手がどんな人か想像するだけでまずワクワク。そして例えば〝裕太サラリーマン27歳〟がホントは女性だったり、プー太郎だったり、おじいさんだったり、と〝真実〟はいろいろ違うかもしれない。でもそこの〝チャットルーム〟の画面の上では〝裕太サラリーマン27歳〟が〝真実〟で。その人が私の事を、正確に言うと〝雪乃〟の事をですが、褒めてくれる。「素敵です」とか「ホントに優しいんだね」とか「こんな女性に会った事ない」とか。もう一度言いますが、そこにあるものすべてが〝嘘〟なのも百も承知。でもそれをその瞬間の〝真実〟として受け取るだけで、誰がなんと言おうとそこには〝愛されている自分〟がいて。多分そのやりとり中の私は感覚、〝美人〟だったでしょうし。おこがましいですが変な話、その人と会いたい、とか、お付き合いしたい、とか。そんなのは1ミリもないんですよ、1ミリも。人によっては「むなしくない？」とお思いになるかもですが、私にはそのひとときの〝愛され〟が嬉しく。それはそれで、〝幸せ〟でいいんじゃないかな、と。

そんなどこか気持ちもわかる〝脇本〟をやらせていただいた今公演の劇場・サンモールスタジオ。実は山田ジャパン初期によく使わせていただいていた思い出の場所。更には初期の頃からずーっとお世話になった音響さんに戻って来ていただいたり。キャストもお二人ゲストにお越しいただきましたが、ほぼすべて劇団員だったり。衣装も自分でいろんなお店を回り、〝安く〟て〝役にぴったり〟の衣装を探したり。いろんな形で〝あの頃〟を思い出し、初心にかえる公演になりました。そして改めて本当にいろんな方にいろんな形で支えられてきたんだなぁ、と実感。ありがてぇ。来年3月新宿村LIVE、7月草月ホールと山田ジャパン10周年記念3連打公演は続きます。どうぞこれからも山田ジャパンを末永くよろしくお願いいたします。

あ、最後に。今回「配役」の紙の一番上に〝脇本……いとうあさこ〟とあったせいで、いろんな方に「今回脚本なさってたんですね」と声をかけられましたが、〝脚本〟じゃない。〝脇本〟。役名です。あさこからのお知らせでした。

〈今日の乾杯〉海老と秋やさいのエビ味噌朴葉焼き、です。どのキーワード切り取っても美味しいのは間違いない。公演終わって最初の一杯。味噌ペロペロでビールゴクゴク。

映画の国からキラキラ

なんと今わたくし、映画を撮らせていただいております真っ最中でして。あ、当たり前ですが監督の方じゃなくてお芝居の方です。役どころとしましては皆さんびっくりするかもしれませんが、なんとなんと〝独身のおばさん〟役。ええ、そのまんまです、はい。おこがましくも今までも何本か映画に出させていただいた事はありました。ちょこっと1シーンからちょっと多めの出演まで。ただ今回は本当にたっぷり&ガッツリの出番。まだ撮影途中ではありますがすでにちょこちょこ事件がありまして。その中から本日は3つばかしお話しさせていただきたいと思います。

まずは「本読みはどれくらいの感じでやるの？」事件。最初にいたします本読み。その字のごとく、キャストが集まって本（台本）を読むこと。劇団・山田ジャパンの公演の時にも台本来たらやりますよ、本読み。そして当たり前ですが本意気で読みます。最初だから自分なりの解釈にはなってしまいますが、本番と同じ気持ちで。ただですね、実は今までの映画はちょっとした役だったからか本読みをしたことがない。いやね、おそらく舞台だろうが映画だろうが同じ〝お芝居〟ですから。変わらず〝本意気〟読みでいいとは思うんですよ。でももしかしたら映画の世界では「本読みは軽くで。でもちゃんとキャメラの前で120でやりますから。見ていてくださいね、監督！」的な感じかもしれないじゃないですか。ド緊張の中、本読みスタート。役者さんは10人くらい。あといらっしゃらない方の役やト書きの部分は助監督さんが読んでくださる。助監督さんのト書きからスタート。最初のシーンも役の方はおらず、助監督さんが読む。次のシーンはお一人いらっしゃいましたが、台詞が一言で〝本意気〟or〝軽く〟がわからない。その残りすべての役、助監督さん。そしてト書きからのタイトルも助監督さん。ん？　今のところ、ほとんど助監督さんだからわからない。もうすぐ私の台詞が、と言う時に救世主現る。〝元気なおばあちゃん〟役の登場。部屋に響き渡るすごい声。うん、ですよね。おばあちゃん、ありがとう。私、本意気でやります。

無事に本読みが終わると更なる事件が。「みんな超質問するのに、私一つも質問浮かばない」事件。皆さん、監督に「ここはこうした方がいいんじゃないか？」とか「あそこはこういう意味でいいんですか？」と次々に質問を。あれ……どうしよう……質問……ない。いやね、一応言っておきますが私台本、めちゃめちゃ読んだんですよ。読み込んだんです。その上で自分なりにですが理解をして〝本読み〟に参加したんです。ただやっぱり〝質問＝やる気〟の感じってあるじゃないですかあ。考えて考えて絞り出したのは「監督。この『すまないね』の台詞、『ごめんなさいね』でもいいですか？」監督は優しい声で「いいですよ」。質問でもないし。なんかすいません。

そして最後は「ノーメイクって言ってたじゃん」事件。そんなわけで〝独身おばさん〟役と言うことで、今回はノーメイクでいくことになりまして。ちょうどメイクさんもお一人なのでお手間をかけない〝優等生〟決定。ところがいざ現場入りまして。確かにノーメイクなんです。髪だけ整えていただきましたが、メイクはノーでした。ただ髪の毛を一本に結わえ終わると、メイクさんが焦げ茶の粉を筆につけ始めまして。「あれ？　ノーメイクだよな？」と思う間もなくその筆を前髪の生え際辺りにサッサッサ。「分け目がちょっと……」とメイクさん。そうか。顔はノーメイクだけど、生え際の薄毛を隠す為の焦げ茶が必要に。ああ、結局お手間を。申し訳ない。

更に更に、めったに出来ないデキモノちゃんが、よりによって鼻と口の間のあの溝の所にプッツと。真ん中も真ん中、ど真ん中ですから正面からはもちろんのこと、右側から撮ろうが左側から撮ろうが見えるんですよ、ちゃんと。なんなんでしょうか。神様がわざわざへこませた場所で飛び出すなんて。しかもそいつが撮影の途中から腫れてきまして。最初の二日はちゃんとノーメイクでした。あ、薄毛の焦げ茶は別にして。それが三日目に熱もってきたらもうあっと言う間。ただただ膨らんでいく。あんなにメイクの面では〝優等生〟予定だったのに、すっかり〝劣等生〟。「ルミちゃーん（メイクさんのお名前）。また赤くなってきちゃったよぉ。」「爪引っかけて変な汁が出てきちゃったぁ。」「モニター見て。どお？　やっぱり目立つよねぇ？」と誰よりも世話をかけまくると言う。重ね重ねごめんなさい。

　実はよく考えると殿方と接する役をする時、鼻まわりに何かデキモノが出来る事が多い気がする。例えばこないだの舞台でも若い男の子にメロメロする役でしたが、その時も左の小鼻の所が腫れたし。以前芸人さんのドラマでチュートリアル徳井さんと〝イイ感じ〟になる役だった時も同じく小鼻の所が腫れ、その時はその上ウィルス性胃腸炎でのたうち回る程の痛みも。で実は今回もちょいと殿方と接する役なのですが、これまたちゃんとど真ん中にデキモノ。何故？　これは何故？　神様が「おまえごときが〝イイ感じ〟になるのは生意気だ」と私をこらしめているのか？　それを人に話すと「きっと殿方と接するとホルモンバランスが乱れるんじゃない？」と。なんですって？　そんなに？　そんなに私のボディは殿方の免疫がなくなってしまったの？　だとしたら、かわいそうだ、私。

　まあそんなこんなで皆様にいろいろご迷惑をおかけしながらなんとか撮影しております。さて、今日もデキモノにオロナイン塗って、元気に頑張ろう。あ、体内のホルモンちゃんは、お静かに、ね。

〈今日の乾杯〉先日山田ジャパンの前からいるメンバー6人で久しぶりに飲みまして。海鮮鍋をいただいたのですが、〆の雑炊がまさかのいくらたっぷりスタイルで登場。これじゃあしまらないよ。更に飲んじゃうよ。

せっかちさん

「急がば回れ」「急いては事をし損じる」「狭い日本そんなに急いでどこへ行く」。〝急いだっていいことないよ〟みたいな事を、昔から人生の先輩方が言い続けてくれたにもかかわらず、私は小さい頃からかなりのせっかちさん。わたくしの誕生日・6月10日は、かなりマイナーではありますが〝時の記念日〟と言う〝日本初の時計が鐘を打った日（『日本書紀』より）〟らしく。そんな日に生まれたから、ってなわけはないんですが、どうにもこうにも〝時間の無駄〟やら〝効率が悪い〟やらがダメなのです。

例えばテストやオーディション、ネタ見せなどで〝結果は後日〟、更には〝郵送で〟なんて待っていられない。ダメならダメと、もうその場でいいからすぐに結果を言って欲しい。〝合格の方のみにご連絡〟なんてもっとイヤ。だっていつまで待てばいいかわからないじゃないですか。まあその時の自分がダメだったかどうかなんて、だいたいわかっているんですけどね。〝万が一〟と言うのが人生にはあると聞いておりますから。本当に小さな点くらいの希望を握りしめていつまでも待ってしまう。そんなドキドキタイムは時間がもったいない。「だったらひと思いに」なのです。

電車の乗り換えも〝もちろん〟調べます。今のアプリは優秀ですからね。乗り換えに最適な号車番号が出ているから無駄がない。更には数ある扉の中からより階段に近い扉の位置まで調べて乗り換えをスムーズにするもんだから、もうスムーズ過ぎて乗り換えの度に予定より1～2本早い電車に乗れちゃったりして。結果、待ち合わせの30分以上前に目的地に着いちゃう、と言う。

そして待ち合わせのお相手。連絡がなかった場合、数分来ないだけでイライラと言うかソワソワ。「待ち合わせ場所違ったかな?」「どっかで何か大変な事に巻き込まれてないかしら」「えっと……今日だっけ?」全然待っていられないのです。ただね、今や携帯電話という文明の利器がございますから。何かしら連絡があって、あらかじめ何分遅れるってわかっていれば、あ～ら不思議。いくらでも待てるのです。それが例えば〝1時間以上遅れる〟でも、〝1時間ちょいで出来る事〟を見つければOK。「来年の手帳でも買いに行くか」とか「喫茶店に入って書き物の宿題やっちゃおう」とか。こうなれば〝時間の無駄〟がないですからね。

あと、トイレ。よくいろんな方に「トイレ早いよねぇ」「ホントにしてる?」と言われるのですが、別に急いでいるわけではないですし。自分では普通なんですよ。ただ普通にする事だけして普通に出てきているだけですから。でも確かに誰かと一緒にトイレに行くと私が先に出て、相手を待っている事がほとんど。若い頃、殿方とディズニーランドなんかにおデートで行った時も、そう言えば殿方より先に出ていた。トイレ入って髪なんか手ぐしで整えちゃったりしてから出てきているにもかかわらず。そんな彼と武蔵境の風呂なしのプレハブみたいなアパートで暮らしていた時も、お風呂屋さんに行くと先に外へ出てくるのはもちろん私。名曲「神田川」の世界そのもの。〝洗い髪が芯まで冷えて〞の状態で〝小さな石鹸カタカタ〞鳴らしちゃうのです。ま、これはせっかちと言うよりも、彼を待たせたくないオンナの可愛さ、ですかね。

話がそれましたが、そうそう。トイレです。そんなわけであまりにも「トイレ早い」と言われるもんですから、改めて自分のトイレでの動きを考えてみました。例えば収録の合間に、テレビ局のトイレに行ったとしましょう。トイレに足を踏み入れた瞬間、トイレ内に誰かいるかどうかはわかりますよね。もし誰もいない場合、個室に向かっている道中でズボンのボタンをはずしちゃいます。そして〝脱ぎながら〞の状態で個室に入ります。扉を閉めながら、ちゃんと脱ぎきって便座に座る。鍵を閉める頃には排泄スタート。そして鍵を閉めた手でそのままウォシュレットのボタンを押す。正直ここは、もう賭け。排泄が終わる前にウォシュレットから水が出てきた日にゃあ、もう水と水のぶつかり合い。大惨事ですからね。だからそうならないように、腹筋のすべてを使って早々に排泄を終える。そしてウォシュレットのお水が出てくる頃には、もうこちとらトイレットペーパーをカラカラカラ。手に巻きつけ終わると同時に、ウォシュレットのボタンを再度押して水を止める。ウォシュレットの棒が奥に引っ込むまでに、ちゃんと拭いて、ズボンも穿く。そして右手で流しながら左手で扉の鍵を開けて外の世界へ。ああ、ザ・ながら族。これじゃ確かに早いわ、私。

よく動物の心臓の打つ回数は決まっている、みたいな。だから「心臓のドキドキのスピードが速いネズミは短命で、遅い象は長生き」的な話を聞きますが、これだけせわしなく生きている私はヤバいかもしれない。時は金なり。でも命は大事。もっとゆったりゆっくり過ごさねば。なんて書きながら、只今仕事終わりの飛行機の中にて、機内オーディオ番組で80年代の名曲たちを聞き（ちなみに今は今井美樹さんの「野性の風」中）、時折隣の席に座っている鬼奴ちゃんの読んでいる漫画を盗み見して、リンゴジュースを飲んでいる。ああ、忙しい。うん。ダメだ、こりゃ。

〈今日の乾杯〉近所のイタリアンに行ったら「お客様からの頂き物で」と言うことで、生ハムをサービスで出していただいた。味の濃さと香りの豊かさが最高で、グラスワインを頼んでいたのにボトルワイン追加したのはもう仕方ない。

あさこの漢字2018

今年も暮れましたねぇ。例年通りの大久保さん&愛犬・パコ美と過ごすホームクリスマスを経て、新年6日放送の「イッテQ!」でやるお琴の練習で一足お先のお正月気分を味わいながら、2018年を終えようとしております。そんなわたくしの今年の漢字。「忘」です。単独ライブのタイトルが「忘れな草」だったのでもわかるように、今年は本当にいろんな事を忘れました。ペットボトルの蓋をし忘れたまま鞄に放り込んだ〝ビショビショ事件〟や、着けていたマスクがないと新しいマスク着けた時にマスクしっぱなしだった事に気づくと言う〝口の周りの神経どうなってんだ事件〟などなど。恐ろしい〝忘れ事件〟は数知れず。

中でも一番ショックだったのは「ペヤングソースやきそば〝かやく〟入れ忘れ事件」。私はカップ焼きそばの中でも一番好きなのがペヤング。今までの人生で何百食と言っても過言ではないほど食してきたわけですよ。作り方にこだわりありまくり。まずかやくを入れ、お湯を注いだら、蓋の上にソースを置いてソースも温めておく。そして2分で一度蓋を開け、お箸で麺を全体的に軽くほぐす。再び蓋して30秒後に湯切り。その際、大好きなキャベツが蓋の裏にくっつくので、蓋を開ける前に容器を台に数回打ちつけてキャベツを落とす。蓋を開け、ソースは5分の3で。スパイス投入。青のりは入れない。これは謎の美的センスなのですが、ホントにいくら汚れていようがなんでもいいような私が歯に何かついているのがどうにもダメで。なので入れたら美味しくなるのはわかっていながら、青のりはなし。そしてざっくり混ぜる。このざっくりがポイント。ホントにちょっとでいいのですが、ソースのかかってない〝ただの麺〟部分を残したいんです。ソースの味ももちろん好きなのですが、あの麺そのものの味も大好きでして。ううう。最高です、ペヤング。

これだけこだわりのあるペヤングの、しかも何度も入れてきたかやくを入れ忘れたのです。私は何故、容器から出したかやくが台の上にある事に気づかなかったのか。一緒にいたソースはちゃんと蓋の上に乗っけたのに。途中お箸でほぐす為に蓋開けた時もノー違和感。だからお湯を捨てた時もがむしゃらに容器を何度も台に打ちつけましたよ、キャベツないのに。ワクワク蓋をあけた瞬間、やっと気づくのです。……あれ?……白い。ああ、一生の不覚。

そんな忘れん坊のわたくしでも忘れてなかった事、ありました。

先日、母方の伯母が亡くなりまして。私の母は5人兄妹。上が男二人で、あと三姉妹。その三姉妹の、と言うか5人兄妹の末っ子が母。この三姉妹が仲良くて。小さい頃、伯母（長女）のいる栃木県黒羽と伯母（次女）の神奈川県大磯のお家に、ホントによく遊びに行きました。その黒羽の伯母が亡くなったのです。倒れる前日も出かけていた位元気だったようで。

急でした。とにかくパワフルで、頭が良くて、綺麗だった伯母。

　私は仕事の都合でお通夜のみ、と言うかお通夜が終わる頃、黒羽に到着。皆さん、通夜振る舞いの方へ移動されて、伯母の三人息子（私のいとこ）たちが片付け中でした。一面真っ白いお花で飾られた立派な祭壇と広い会場を見て、伯母の存在の大きさ、凄さを感じながらも、私にいろんな事を教えたり見せたりしてくれながら片側だけちょっと口角をあげて笑う優しさ、柔らかさも思い出す。お通夜の前に火葬だったので、最後のお別れが出来なかったのはかなり心残りでしたが「きれいな形になってから皆さんに会いたい」という伯母の考えもまた、伯母らしいと言うか。そして遺影も聞くところによると19年前の写真で。これもまた〝故人の希望〟だそう。さすが伯母。とてもとても綺麗な写真。

　通夜振る舞いの最初の挨拶は三人息子の長男が。「母は旭興と言うお酒が好きで。倒れる前日まで365日毎晩一合だけコップに入れて、電子レンジでチンして呑んでいました」と。献杯。さあ、〝大酒飲み一族〟の宴が始まります。ただその日わたくし、早朝から名古屋で仕事で。朝一、品川駅まで自分の車で行って駅のパーキングに駐車したまま、品川↓名古屋↓黒羽と来て、その日のうちに東京に戻る予定だったのでノンアルコールビールをちびちび。でもね、そんなのすぐ見つかるわけですよ。そして「ホントに呑めないの？」「車置いてくこと出来ない？」「明日仕事何時から？　泊まって朝帰れば？」と〝一族〟が次々に耳元で囁いてくる。となるとこっちもだんだんその気になってきて。携帯で明朝の新幹線なんて調べちゃったりして。あ、始発で帰れば間に合うか。よし。「私、泊まります！」この一言で〃一族〃大盛り上がり。「酒だ、酒だ、酒持ってこーい！」なんて『浪花恋しぐれ』感満載の台詞が聞こえたかと思うと、私の目の前に並ぶ日本酒たち。もうそこからはノンストップ。呑む手は止めずに、皆で伯母の思い出話をしまくりながら、笑ったり泣いたり。そしてまた笑ったり。

そんな中、その斎場のすぐ近くが伯母宅と言う事が判明。早速いとこ軍団でレッツラゴー。40年ぶりの訪問。おっきなお家です。門構えや家の間取りは覚えてなかったのですが、「下の川へ降りていく階段に続く木戸があったよね？」「お庭にプールなかった？」「温室に連れてってもらった気が。」なんて細かい記憶が溢れ出し、見に行ったら全部ちゃんとそこにあって。強いて言えばあの頃自分が小さかったからかな。今見ると川への階段はもっと長かったような、そして温室の屋根はもっと高かったような気はしましたが。忘れん坊の私が忘れない、大事な思い出たちでした。

そんなこんなで今年も終わります。来年はちゃんとペヤングにかやく入れながら、ますますふんばりますので、どうぞよろしくお願いいたします。皆様、よいお年を。

〈今日の乾杯〉森三中ムーさんとおしゃれイタリアンへ。オードブル盛り合わせ。盛り合わせすぎでしょ。お皿の右下は魚介シリーズ。左上は肉シリーズ。一口食べてはワインをゴクリ、もう一口食べてワインをガブリ。このオードブル終わるまで40～50分かかったよ。幸せな忘年会でした。

ワイン道中膝栗毛〈前編〉

昨年末の紅白歌合戦でサザンさまとユーミンさまとウッチャン兄貴が同じ画面の中で歌い踊る姿に涙しながら越した2019年。今年もオアシズ大久保さんと恒例のお正月旅行に行って参りました。あ、先に申し上げておきますが、今回の旅はいつもみたいな「ツアーに参加してこんな変な人が！」とか「あんなハプニングが！」と言う感じではなく。ザ・観光地みたいな所には行かず人様の暮らしにお邪魔させていただく、ゆっくりのんびりで、もちろんガブガブは忘れない、そんな旅でした。

何度かテレビ等でお話しいたしましたが、昨年のベトナム旅行を計画する時に「今回どこ行きます？」と聞いたら「なんで毎年あさちゃんとお正月旅行行く前提で聞いてくるの？私だってあさちゃんに言ってないだけで、行く相手がいるかもしれないじゃん！」と怒られて。結局改めて丁寧に聞いてみたら即答で「行く」と。さて今回。昨年の11月のある日、大久保さんから一通のメールが。「お正月、メルボルン行きたいなと思ってるんだけど、休みはどのくらい取れるのかな？」いやいや、なんで毎年大久保さんとお正月旅行行く前提で……嘘です。もちろん行かせてください。行きましょう。

と言うわけで今年はオーストラリアのメルボルンに行く事に。実は大久保さんの高校の同級生ケイちゃんが5年前からメルボルン在住。大久保さんと同居していた時期もあったケイちゃんとは私もよく一緒に誕生日会やらクリスマスやら忘年会したり。だから毎年会いに行きたいね、と言うものの正月休みが短く結局アジア方面。でも今年は1月3〜7日と5日間ある、となりまして。ようやく念願のメルボルン行きが決まったのです。

新年3日午前11時成田発。オーストラリアの時差は2時間。10時間のフライトなので到着は23時予定。機内で寝てしまうと向こうに着いて眠れなくなってしまうので、とにかく寝るまいと椅子もあまり倒さず延々映画鑑賞。最後野獣とガストンが戦っているとこで終わってしまった「美女と野獣」を入れたらなんと6本鑑賞。もうこちとら目ギラギラ、頭バッキバキですよ。そんなギラバキ状態で到着したメルボルン。着陸のやり直しや入国審査の混雑などで1時間近く遅れてしまったけれども外で待っていてくれたケイちゃん。赤白青のおもちゃのレイをかけてくれて。やっと会えた。今回はケイちゃんも一緒にホテルでお泊まり。相当ウキウキしていたんでしょうね。着いてすぐ寝られるようあれだけ機内で起きていたのに、ホテル到着後もうだいぶ遅かったのでルームサービスで麺は柔らかいが肉感最高のミートソースパゲッティ、シーザーサラダと白ワイン2本注文。呑んで喋って、気づけば4時半までノンストップ。しかもケイちゃんが事前にチェックインして部屋を風船やカンガルーの人形で飾ってくれて、地元のビールをたくさん冷やしておいてくれて。更にはこの旅のしおりまで作ってくれていて。ケイちゃんありがとう。最高。

そんなわけで4時半まで呑んでいたのに、翌朝、と言うか数時間後。7時半に目覚めてしまうババアの哀しい性。ただ今回はのんびり旅ですから。皆が起きるまでお風呂入ったり、荷物片付けたり、MTV観たり。ああ、自由。ちなみにオーストラリアは日が長い。6時過ぎにお日様昇ったら、暗くなるのは夜9時頃だから〝たっぷり昼間〟です。結局昼前にホテルを出て、いざ街へ。いやね、暑い暑いとは聞いていましたよ。聞いていましたけども、の気温40度超え。吹きつける風も暑く、数歩歩くだけで顔もゆがむ。三人でただただ「暑い」を連呼しながら、トラムと言う路面電車に飛び乗る。「フー！　空調助かるぅ〜！」の予定だったのですが、まさかの旧車両でノーエアコン。ただただ流れ落ちる汗を拭きながらふと外を眺めると、派手な観光地ではないけれどお店が建ち並び、その道を歩くいろんな国の住民たち。その自然で普通の風景を、皆さんが日常使いのトラムから見ている自分。あれ、なんか生活の中にいる私、超メルボルン。うひひ。

小道に入ったところにあるカフェへ。オーストラリアのビールをゴクゴクしながら、腹ペこババアはガッツリとボリューミーなハンバーガー。「だから太るのよ」なんて私に言いながら大久保&ケイは〝メルボルンはイカが美味しい〟との事でイカリングでゴクゴク。すると店員さんが突然ピザを持ってきて（吹替風に読んでください）「君ら、日本の有名なコメディアンなんだろ？　ピッツァは店からのサービスだぜ！　食ってくれ！」的な事を言われたので「え？　なんで知っているの？」と聞くと、笑いながら奥に行ってしまった。史には（吹替風で）「うちの店長と一緒に写真撮ってよ！　そしてその写真、インスタ載せていい？え、いい？　ありがとな！」と店の前でパシャリ。でも帰りにメモに名前を書くよう頼まれて。「ほら。絶対うちらの事知らないよね？」と聞くと、実は近くに座っていた女の子ちゃん4人グループのうち2人がメルボルン在住の日本人の学生さんで教えてくれたとのこと。知られとくもんです。ありがてぇ。ピザ、ご馳走様でした。

この日の夕方、あまりの暑さからホテルのプールに入るべく水着に着替え、プールサイドに出た途端、気温激下がりの21度。震え上がってサウナに駆け込んだ事も書いておきましょう。ケイちゃん曰く「メルボルンには一日の中に四季がある」そうで。ホントです。すごい。

あ、そろそろお時間。また続きにお付き合いいただけるとこれ幸い。

〈今日の乾杯〉メルボルンで最初に入ったお店「ＭＡＸ」。店内より外の席で食べるのが気持ちいい。サービスのピザのおかげでビールが足りなくなって追加注文したのは言うまでもありません。

ワイン道中膝栗毛〈中編〉

今回もまた〝お正月オーストラリアワインガブガブ旅〟の続きをお聞き願えれば。すいませんです。

そんなこんなで今回は大久保さんの同級生・ケイちゃんを訪ねて参りましたオーストラリア・メルボルンの旅。到着した日は別にしても時間は丸々3日あります。その間にやりたい事は3つ。〝ケイちゃんとの再会〟〝カンガルーに会う〟〝オーストラリアワインをガブガブ〟。

正直、初日終了時点で〝カンガルー〟以外の〝再会〟も〝ガブガブ〟もすでに叶ってはおりますが。だって〝ガブガブ〟に関しては到着した夜のワイン2本は書きましたが、実はその翌日、つまり3日間の初日の夜も川辺のレストランのテラス席で川から来る気持ちいい風を浴びながら、たっぷりのシーフードでたっぷりのワインをガブガブやらせていただきましたもので。ただですねぇ、ケイちゃん曰くメルボルンの近くに有名なヤラバレーと言うワイナリーだらけの素敵な土地があるとの事。それ聞いてしまったら、やっぱりしたいじゃないですか。そう、ガブガブatワイナリー。と言うわけで2日目はワイナリー&カンガルーの旅となりました。

朝ゆっくりしてからホテルを出た三人娘（平均年齢47・3歳）。ケイちゃんの案内でバスと電車を乗り継いで、ケイちゃんのお姉さんご夫婦の住むお家へ。今回ワイナリーへはそのお姉さんのご主人（スリランカ人）の運転で連れて行っていただく事に。ありがてぇ。「本当にすいません」と言うと「近いから大丈夫！」とご主人。カンガルーやよくわからない動物が描かれた標識を見ながら行く事1時間、ワイナリーに到着。いやいや、1時間なんて全然近くないじゃないですか。これを「近い」と言ってしまうオーストラリアの大地の大きさよ。そして心の広さよ。素晴らしい。

ワイナリーで試飲と言えば、レンガなんかで出来た薄暗い蔵みたいなところで小さなコップでいろいろなワインをお試し、みたいなイメージ。それが連れてきてもらったワイナリーには、小高い丘の上にある小さなレストランの片隅にテイスティングコーナーがありまして。ちゃんとテーブルに着いて、一面に広がるブドウ畑を見ながら素敵なワイングラスでお勧めの白3種、ロゼ1種、赤2種と計6杯をゆっくり堪能。しかもお姉さんが1本1本丁寧に説明してくれるのもいい。ただかなりの熱を持って話してくれるが故に、ものすごい早口でお話しになるものですから、何を言っているのかほとんどわからず。それでもお姉さんの口から時々聞こえてくる〝Dry〟や〝Special〟などの知っている単語をなんとか勝手につなぎ合わせて、このワインの歴史や味などを誰よりもわかった顔で頷きながら聞く。ま、言葉はわからなくても味はわかる、です。「いいお話聞きました」感満載の表情でゆっくりグラスを傾けワインをゴクリ。「ワオ、ファンタスティック。」お姉さんは笑いながら次のワインを取りに。これを6回繰り返すとそこそこいい気持ちに。いやね、知っているんですよ。本格的なテイスティングは口に含んだ後、用意された入れ物にペッと捨てちゃうんですよね。酔ったら味がわからないですから。でも、もったいないですもの。〝MOTTAINAI〟の国の人ですもの。もちろん一滴残らず呑むわけです。お姉さん、そんな私のグラスを見て一言。「ビューティフル！」サンキュー。

テイスティングの後はほろ酔いのまま、隣のレストランに席を移しまして。美味しい羊肉のローストをつまみに更にワインをガブガブ。テイスティングでお気に入りだった「シャルドネ（白ワイン）」を何度もおかわりしたからかな。トイレに行くべく席を立った時にすれ違ったウェイトレスさんが私の顔を見て「シャルドネ」。ひとときのあだ名、つきました。十二分にワイナリーでワイン、満喫出来ました。

その後はお姉さんのご主人に送っていただき、ワイナリーから車で1時間くらいの所にあるケイちゃんのお友達のおウチへ。そこは日本人の奥様・メイさんと、明るくてサービス精神旺盛なイギリス人のご主人・ジェフのお宅。家そのものも大きいのですが、プール付きのお庭がとにかく広い。ゆっくり散歩したら30分くらいかかりそうな位。実はそのお庭の奥が国立公園になっておりまして。そこに野生のカンガルーがいるとの事。そうです、〝カンガルーに会う〟を叶えにやって来たのです。ジェフ宅に到着したのは夕方でまだまだ暑い。カンガルーは涼しくなってから出てくるとの事。前回も書きましたが夜になるのは21時くらいですから。19時過ぎにカンガルー見に行こう、というわけでそれまでは広いテラスで飲むことに。オーストラリアはBBQ文化が盛んで、多くの家の庭にBBQセットが。もちろんこの広いおうちにも立派なのがございまして。そこでジェフが大きな塊の豚肉を1時間以上かけてじっくり焼いてくれる。その美味しそうなジューッという音を楽しみながら再びワインで乾杯。……あれ？　ふと見ると壁に八神純子さんのポスター。気づけばテラスのスピーカーからも聞こえてくる。

♪パープータウン パープルタウン 素晴らしい朝に フッフッフー

メイさん、やっぱり日本の歌聞くんだ、と思って聞いてみると、なんと。まさかのご主人ジェフが八神さんの大ファン。ジェフは日本語ほとんどわからないんですよ。それがたまたま日本に行った時に曲と出会ったそうで。「ジュンコ！　No.1シンガー！」と大興奮。

あ、またまたお時間でございます。よろしかったらあと1回お付き合いくださいませです。次は八神純子さんのお話から始めましょう。

〈今日の乾杯〉ジェフが庭で焼いてくれた塊の豚肉ちゃん。じっくり時間をかけて焼くので余分な脂は落としつつ、内側にたっぷりと肉汁を蓄えてますから。まぁ美味いこと美味いこと。まわりの皮もパッリパリで最高のおつまみ。オーストラリア、万歳。

ワイン道中膝栗毛〈後編〉

もう2月ですが、そしていつの間にか〝記念すべき〟である〝「あぁ、だから一人はいやなんだ。」第100回〟も過ぎてしまっておりましたが。最後のお正月話をさせていただきたく存じます。

そんなこんなで豚の塊肉をジュージューじっくり焼いてくれる八神純子さんファンのジェフ。BBQのプロとして焼き具合もちゃんと細かく気にしながらも、八神純子さんの話はノンストップ。どこが好きか伺うと「ジュンコはすごい歌がうまいんだ！　生で歌を聴いてもCDと変わらない！」的な事を英語で力説。……ん？　生歌？　なんとジェフ、昨年だけでも3回八神純子さんのコンサートやディナーショーの為に来日したとの事。もう純子愛が止まらなくなったジェフ。「アサコ、カモン！」と、とある部屋へ。「マイトレジャー」と指さした先には大量の八神さんのCDやらLPやら。「特にこのCD！　2年半探し回ってやっと見つけたんだ！（↑もちろん英語です）」「え？　2年半？　日本で？」「イエス！」「どこにあったの？」「ニシオギクボ！」渋いぜベイベー。しかも好きなのは八神さんだけではない。「No.1ジュンコヤガミ。No.2マリヤタケウチ。No.3ユーミン。No.4タツロウヤマシタ。」

素晴らしい。趣味、合いまくりです、私と。その宝部屋にあるオーディオでCD、LPをかけると、テラスのスピーカーで聞けるシステム。ということでそこからは……いや、それまでも、ですがBGMはすべてジャパンソング。しかも飲んでいる相手はケイちゃん&大久保さんで日本の友達。会話も日本語で喋るから、もう〝日本〟感だいぶ強め。でもいるのは〝オーストラリア〟。なんか不思議。

テラスの手すりに遊びにくる鳥の家族に餌をあげたりしながら、暑いけどカラリとしたオーストラリアの風を浴びる。メイさんの作ってくださったお料理をツマミに、ワインをガブガブ。数本瓶が空いた頃、明るいから気づかなかったけどいつの間にかの19時半。そろそろお待ちかねのカンガルータイムです。広大なお庭の柵を出るとまわりはもう国立公園。その森の中をしばらく歩いて行くとケイちゃんとメイさんが「いたいたいた！」と小さな声でうちらを呼ぶ。いました、カンガルー。1頭でいるもの、群れでいるもの、親子でいるもの。ジーッとこっちを見ていたり、草をがむしゃらに食べていたり、ものすごいスピードで跳んでいたり。すごい。いっぱいいる。「もっとたくさん見られる時もあるのになぁ。少なくてごめんね」とケイちゃん。いやいや、十分カンガルーだらけです。カンガルー天国です。家に戻ろうと歩いていても普通に道を横切っているんですから、カンガルーたちが。途中のおうちの庭をふと見ると、母カンガルーが子カンガルーにお乳をあげている真っ最中。すぐにこちらの気配を感じた母カンガルーは微動だにせずこちらを凝視。しばらくして「こいつらは大丈夫か」と思ったのか、お乳に夢中で私たちに気づかない子カンガルーの頭にそっと手を置きお乳をあげ続けた。その後ろの空がだんだん赤く染まってくる。ああ、なんと素敵な風景。休んでるわぁ、私。超休暇してるわぁ、私。

暗くなるのはあっと言う間。テラスに戻るとすっかり夜。ジェフ特製のじっくり焼いた豚ちゃんの皮はパッリパリで最高のおつまみ。中身のお肉もあんなに脂が落ちたのに、たっぷりの肉汁が。シンプル、かつ贅沢な一品。最高のディナーinテラスの後はプールサイドに場所を移して飲み直そうとジェフ。昼間の暑さが嘘のように冷え込む夜。ジェフが薪を運んで火をおこしてくれた。テラスから離れる＝スピーカーから離れる、なのでジェフはプールサイドに来る際、ちゃんと八神純子さんの音を大きくしてくる。さすがに大きい、とメイさんが音を小さくしに行くと「ジュンコは最高なんだ！　小さくするなんてひどい！（↑多分こんな感じのことを言っていたかと）」と怒るジェフ。最高なのは、あなたです。そんなわけで火を取り囲むように5つ椅子を並べ、大音量の八神純子SONGを聞きながら〆飲みスタート。火にあたりながら星なんか見ちゃったりして。いい時間。しばらく飲んでいると後ろからガサッ、ガサッと言う音が。明らかに何かいる。「ああ、カンガルーだよ」とジェフ。えー!?　塀があって見えないけど私、カンガルーが跳んでるそばで飲んでるの!?　どんだけ大自然の中で飲んでるのよ、私!!

翌朝もジェフがたっぷりベーコンとソーセージをまたまたBBQセットで焼いてくれ、しっかりモーニングをば。そんなお世話になりまくったジェフ夫妻に別れを告げ、またホテルへ。夜のフライトまで残り半日。地元の人じゃないとわからない、ケイちゃんおすすめのビルの屋上にあるレストランで真っ昼間からワイン片手にランチして。謎のテンション高めの店員さんのいる洋服屋さんでスイカ柄のスカート買ったり、赤ちゃんショップに寄ってよくわからないコアラの人形買ってみたり、通りすがりの教会で少しお祈りしてみたり。最後は川辺のレストランのテラス席でラストワイン。暮れゆくメルボルンの町並みを見ながら、いよいよ帰国です。

今回の旅は〝ケイちゃんとその仲間たち〟のおかげで本当に楽しく、本当に豊かで、本当にガブガブ出来た〝2019年始め旅〟でした。ケイちゃん、いっぱいいっぱいありがとう。よし、今年もまた頑張らせていただきますか。だいぶ遅いご挨拶になりましたが、本年もどうぞよろしくお願いいたします。

〈今日の乾杯〉メイさんが出してくださったおツマミたち。ワインはもちろんのこと、手作りサングリアもあって止まらない。素晴らしき時間をいただきました。幸せのオーストラリアをご馳走さまでした。

胸アツ応援上映

　昨年11月公開の〝超〟がつくほど大ヒットの映画「ボヘミアン・ラプソディ」。私は普段映画を観る時、公開してしばらく経って空いた頃に映画館へ行く。ですがこの映画。人気がありすぎて、待てど暮らせど満員御礼状態。「え〜い、行ってまえ！」と意を決したのが今年の1月初め。公開から2ヶ月以上経っていましたし、平日&昼間と言う出来うる限り空いているであろう条件を揃えて行ったのですが、ちゃんと満席。すごい人気。

　結果から言うとですよ。とにかくよかったんですよ。散々いろんなところで感想を耳にしている方も多いと思いますが、本当によかったんです。まさかのまだ映画やってますから詳細は書けませんが、結成からあれやこれやがありまして。どんどんビッグになっていく。そのQUEENの歴史も相当面白いのですが、やはり最後の「ライブエイド」のシーンの凄さよ。QUEENのパワー、ものすごい数の観客のうねり、そしてなにより歌そのもののエネルギー。まるでライブに自分もいるかのような感覚。もうシビれるほどの感動。左に座るお兄さんが私との間のドリンクホルダーに置いたペットボトルに貼り付けられたレシートが延々私の左膝を攻撃していたけれど、感動。エンドロールの最後まで涙が止まりませんでした。

その感動と興奮は弱まるどころか、日に日に強くなりまして。もうだいぶ前に観た仲間たちの〝え？　今頃？〟感満載の顔を無視して映画の良さを切々と語り。実際のライブエイドのDVDも買っちゃったりして。まあ要するにどハマり、です。はい。そうなってくると思っちゃうわけですよ。「もう一度観たい」と。と言うわけで、たまたま飲んだ時に同じパッションを胸に抱えた40代女性スタッフさんを発見。共に再参戦する事にしました。まだ入れ替え制がなく、大好きなたのきん映画を繰り返し観たのは別にして、二度同じ映画を観に行くのはあのホイチョイムービーの超傑作「私をスキーに連れてって」以来。実に30年以上ぶり。更に「でもせっかく行くなら〝胸アツ応援上映〟で観ませんか？」のお誘い。たしかに1回目の時、〝ドンドンパン〟したい欲や〝ロッキュー〟言いたい欲がすごかった。よし、騒ぐぜ。

2月上旬。日比谷のTOHOシネマズで21時から〝胸アツ応援上映〟との事。席も後ろ目のど真ん中をGET。ワクワクが止まらず、事前に過去の〝応援上映〟の記事やらニュース映像をチェック。男女問わず皆さん、フレディの扮装をしたり、サイリュームやら何やらまさに〝応援〟グッズを手にしたりしている。すっげぇ。こりゃ、盛り上がるぞぉ。こちとらコンサートに行った時は踊り狂い、Twitterに〝(笑)〟付きの目撃情報を書かれるくらい人目なんか気にしないタイプですから。大好きな曲で夢中になって踊り過ぎて、ふと我に返ったらみんな全然違う揃いの振付やっていた事あるくらい没頭タイプですから。

とは言うものの、〝本番〟の朝。まず扮装ですが、白いタンクトップやチョビ髭、ヅラなど買いに行く時間が結局なく、せめて色だけでもと白いトレーナーにGパンで家を出発。「逆に普通の服、目立っちゃうだろうなぁ。」緊張が私を襲う。しかも座席を携帯で調べてみると、ほぼ満席。そんなに広いとこではなさそうですが、そのギューギュー感でかなりの盛り上がりになるでしょう。どうしよう。人目を気にしないはずの私の震えが止まらない。となると、もうすることは一つ。通りすがりにあったちょっとお洒落なカジュアルフレンチのお店へ駆け込んで、時間の許す限りグラスワインをガブリガブリ。そうです、一杯ひっかけたのです。ワインよ、ありがとう。テンション復活。いざ、チョビ髭&タンクトップで溢れかえっている館内へ！……あれ？　みんな……普通。あれあれ？　フレディ、一人も、いない。もぉ聞いてないよぉ。うっかりチョビ髭タンクトップスタイルで参戦していたら……。あぶねぇあぶねぇ。それにしてもなんだか落ち着いた雰囲気。でもまあ、わざわざ応援上映にいらしているわけですから。始まったらすごいんだろうなぁ。

21時。電気が消え、いよいよ映画スタート。皆さん、突如拍手。おお。いいねぇ。〝胸アツ〟来ましたねぇ。曲が始まると画面に歌詞が。まるでカラオケのように歌に合わせて文字の色が変わっていく。それに合わせて皆さんも大声で、とまでは言わないが、控えめに歌い出す。ただね、これ。ライブじゃなくて映画じゃないですか。歌も別にフルでかかるわけではなく、フェイドアウトで物語に戻ったりするわけです。となると、勇気出して歌い出しても、途中で「ん、あ、ああ……」と素に戻る瞬間が。これがちょっと気恥ずかしい。まあ、でも最後のライブシーンは参戦させていただきますよ。拳なんか振り上げちゃったりして。そう思っておりました。おりましたのですが、実際ライブシーンが始まった時の私。微動だにせず。どうしたの？　どうしたのよ、あさこ。前回あんなに立ち上がったり、踊ったりしたい気持ちをグッとおさえ……あ、そうか。私、立ち上がりたいんだ。踊りたいんだ。でもそれは映画館ではダメ。しかも上手くもない自分の歌を骨伝導で聴くよりＱＵＥＥＮの歌声が聴きたいから、結果歌わずに押し黙ると言う。もう何の為に〝胸アツ応援上映〟に来たのよ。あさこのバカバカバカバカ。でもね、何がすごいって、気づいたら号泣しているんです、私。正直いろんな事考えちゃって気もそぞろだったと言うのに、下手したら前回以上に泣いちゃって。ああ、やっぱりすごい映画なんだな。あ。えっとぉ、たしか〝音がすごくいい〟上映、やってたよね？　ん～……もう一回行こうかな。

〈今日の乾杯〉結局、家でライブエイドＤＶＤ観ながら呑む日々。この季節しかない大好物の芽キャベツを塩茹で。友達にいただいたパルメザンとコショウをたっぷりかけてビールをグビリ。シンプルだけど美味し。

人間ドック

先日、人間ドックに行ってまいりました。人間ドックは毎年行かなきゃと思いつつも、だいたい1年半に一回のペース。まあ現段階でとりたてて「ここヤバくな〜い？」みたいな所はないのですが、検査した方がいいに決まっている点が多々。

まずは年齢。48歳9ヶ月。日々必ずと言っていいほど何かしら健康の話が出てしまうお年頃。なのに健康のマスト条件〝規則正しい生活〟がまったくもって出来ておらず。その上、ご存じの通りのお酒大好きちゃんであります。

あと2011年11月11日と〝1〟がやたらと並んでいるこの日に、ロケでやっていただいた人生初の人間ドック。その際に隠れ脳梗塞が4つある、との診断。これは今すぐどうこうとかはないそうなのですが、「今後なくなる事はなく。そのままor増えたり大きくなったりするのは、あなた次第です」と都市伝説感溢るる言い回しでお医者さまにはビシッと言われまして。

更には以前スリランカにてアーユルヴェーダを体験した時の事。アーユルヴェーダと言うとおでこにオイルを垂らす、エステ的な事だと思っておりましたが、向こうでは完全に医療。

入院施設もあり、救急車も停まっている。もう完全に病院です。で、あの〝オイルを垂らす〟は施術のほんの入り口で、アーユルヴェーダにはものすごい数の施術法がある。まずは先生が問診。静かに私の手首を数回触ると、ゆっくりと一言。「あなたは、おでこに痰がたまっています。」痰が？　おでこに？　それが手首で、わかったの？　そしてそんな私へのアーユルヴェーダは〝熱々のオイルを大量に鼻から入れる〟と言う、思っていたのとは全く違うタイプのヤツ。鼻から口に入ってくるオイルの味が不味すぎて、1時間近くオエオエしておりましたがしばらくすると、おでこ、異常にスッキリ。あらやだ。ホントにおでこに痰、たまっていたって事？

ま、そんなこんなで〝年齢〟と〝頭方面のもろもろ〟でわたくし、定期的なボディのチェックは必須なのです。

周りから「せめて1週間前くらいからは食事とか気をつけな」なんて言われておりましたが、やっぱりここはドーンと〝ありのままのあさこ〟で行ってやろう、と。そうでないと意味がないんだ、と思っていたのに。思っていたはずなのに、急に前日の夜不安になっちゃって。晩ご飯のメニューを十八穀米、納豆もずく、豚モヤシ、ゴボウサラダ、ぬか漬け。飲み物も特保の麦茶に。悪あがきの〝健康一夜漬け〟して、さあ。人間ドック当日です。

まずは受付。前回〝いとうあさこ〟と言うよくある名前を様々な検査の度に呼ばれ、ちょいとその際の視線が恥ずかしく。口の周りバリウムだらけのタイミングで知らないおじ様に「いとうあさこさんなんだね」とよくわからない確認をされたりもしたもので、今回は名字のみで呼んでいただくお願いを。一度はOK出たものの「あ、ごめんなさい。今日伊藤さんだけで四人いらっしゃるから無理です。」ああ、さすが日本で多い名字第5位。「じゃあ何かお好きなお名前で」と言われたので母の旧姓・田島でお願いすることに。検査着に着替えて待合室のソファに座って待つ事、数分。看護師さんがカルテを見ながら大きな声で一言。「いとうあさこさ〜ん。」更にもう一度。「いとうさ〜ん、いとうあさこさ〜ん。」立ち上がった時に美しいくらい揃っていた待合室の約30人の二度見。もし〝二度見コンテスト〟があったら〝団体の部〟優勝です。診察室に入るやいなや看護師さんに「あのぉ、受付で田島麻子でお願いしていたのですが、通ってないですか？」と確認すると「あ、次わかるようにしておきます」「あ、カルテに書いてなかったんですか？」「いえ、書いてあります。」……えっとぉ、何かのとんち？　何はともあれそんなわけで次からはちゃんと「田島さ〜ん、田島麻子さ〜ん」と呼ばれるものの、こちとら一度「いとうあさこさん」で呼ばれちゃっていますからね。「いとうあさこってわざわざ偽名使ってんだぁ。」「別にいとうあさこがいるからって騒がねぇよ、ハハハハ。」自意識過剰なのは重々承知の助ですが、そう思われてそうでむしろ最初の二度見の時より恥ずかしい。その上こっちがお願いして〝田島〟にしていただいたのに、そこは48年〝伊藤〟でやってきましたからね。〝田島〟の自覚がないんですよ。だから呼ばれてもうっかり無視。で別の伊藤さんが呼ばれた時に反応しちゃったりして。にんともかんとも慣れない事はやめた方がいい。

問診で100％毎回行われる「声嗄れてますね。どうされました？」「地声です」のやりとりがあり。内視鏡の為に鼻腔を広げる薬を鼻に入れた時、つい「あ、これがあればイッテQ！で鼻ヨガする時、やりやすいかも」なんて考えたり。MRIの部屋の壁が青空だからか、あのグウォングウォンうるさい中、爆睡かましたり。そんなこんなで無事に検査終了。そして後日自宅に送られてまいりました検査結果。こんなに生活時間もめちゃくちゃで、お酒もガブリンチョの48歳。同世代が気にする血糖値やら尿酸値やらはまさかのOK。あさこ七不思議。ただ、やはり見逃せないメモ欄に書かれたこの一言。

肥満

〝腹回り〟が90センチ過ぎると〝肥満〟だそうで。お恥ずかしながらわたくし、93・5センチ。あ、〝腰回り〟じゃなくて〝腹回り〟ですよ。ま、どっちみち、な数値ですが。それが赤字で書かれている上に、この〝肥満〟の二文字。まあ、もちろん知っていましたけどね、ええ。どうやら内臓脂肪はなく（逆にすべて皮下脂肪だと思うとそれはそれで怖いですが）いわゆる〝メタボ〟ではないそうですが「生活習慣を見直し、運動と減量に努めて下さい」とのこと。ですよね。心がけたいと思います。なんて書いている今、夜中のファミレス。いかと青じそのたらこパスタを食べながら執筆中。ダメだこりゃ。

〈今日の乾杯〉先日入ったお蕎麦屋さん。春菊としめじの煮浸しでスタート。これがつきだしのお店はもう当たりですよね。イクラがのっているのが素晴らしい。そんなわけで最初っから日本酒、いっちゃいやす。

９でカタがつく

３月中旬。東京の開花宣言はまだまだ、な頃。10〜20の花をつけた桜の木が１本生えていたすぐ近くの劇場・新宿村ＬＩＶＥにて昨年11月に引き続き、わが劇団・山田ジャパンの10周年記念三連打公演の第二弾「９でカタがつく」をさせていただきました。

舞台はとあるアジアンタウンの雀荘。そこに通う一人の青年・チヒロ。素性がわからないミステリアスなチヒロの元にある日「やっと見つけた。９年ぶり。」と一人の女性がやって来る。近田カヨ。チヒロの母ちゃん。目的は「もう一度家族をやること」。何故離ればなれに？　９年前に何が？　徐々に明らかになっていく過去と現在が交差しながら物語が進んでいく。家族の再生に燃える母親とそれを拒否する息子、そしてそれを見守る麻雀打ちたちが織りなす物語。とパンフレットに書いてあるあらすじを参照に書いてみましたが、こんなお話。この母ちゃん役がわたくしでございやした。

幸せとは？

座長・山田の脚本はいつもこれをいろんな方向からぶつけてきて考えさせられる羽目になる。今回もそう。過去の出来事に縛られ、苦しむチヒロに雀荘のオーナーが言うんです。自分の為に生きて何が悪ぃ。〝幸せの青ぃ鳥〟は自分で捕まえるんだ。邪魔が入ったら追い払い、捕まえて黒く変色したならスプレーで青くすればいい。日の光浴びて死んじゃうなら地下に監禁すればいい。力ずくでも無理矢理でも〝幸せ〟は自分の力で奪い取ればいい、と。

♪幸せ〜って何だぁっけ何だぁっけ、なんてさんまさんが歌ってらしたっけ。私はよく「早く幸せになって欲しい」と言われます。そういう時はだいたい「あのぉ。別に今、不幸ではないですよぉ」と答えます。たしかにピーカンに両腕振り上げて「ああっ！　私！　幸せ！」なんて感じではないですよ。でも家の窓からちっちゃいけども富士山が見えて、美味しいお酒も飲んで、近所には大久保パコ美と言う大好きなワンコもいる。それを〝幸せ〟と言わずして何と言う。ありがてぇ話です。そしてなんだかんだ日々刺激あるのも、これまたありがてぇ。今回の稽古&本番の1ヶ月の間にも大なり小なり事件が。タイトルにかけてその中から選りすぐりの（？）〝9〟の事件、書いてみます。

たとえば「花粉症の薬で乾燥したのか声がヤバそうだったので薬をやめたら鼻水地獄」事件や「稽古場近くのセブンイレブンでチーズ&ハム倍量のブリトーを見つけ大興奮するも、期間限定だったらしく翌日以降出会う事がなかった」事件。「すぐに稽古に入れるよう毎日仕事場にもジャージで行っていたら、もう見た目が本当にどうでもよくなった」事件などなど。

あとは「麻雀はじめました」事件。そんなわけで私は雀荘にチヒロを探しに来る役ですから、麻雀は関係ないと思っていたんです。ほとんどみんな初心者で、暇さえあれば麻雀卓の周りに集まって練習をしていました。私はそれを横目に大変だねぇ、なんて言いながら台詞の練習とかしておりました。そんなある日、新着の台本を受け取り（ウチは稽古中にだんだん台本が出来ていくスタイル）読んでいると、その最後の1枚の最後の行。

カヨ「三倍満！　よろしくどうぞ～」

三倍満？　あれ？　私も、麻雀するの？　しかもこの三倍満。詳しくはわからないのですが、とにかく〝すげぇ〟らしく。つまりは麻雀が超うまい設定。「この中に雀士はいらっしゃいませんか？　この中に雀士はぁ！」そこからはもう怒濤の特訓スタートです。「役？」「ネットに〝初心者は鳴くな〟ってあったけど鳴くって何？」「ポン？　ロン？　チー？」完全パニック。ただその姿を見ていた劇団員の羽鳥由記嬢。「あさこさん、なんか動きが経験者みたい。」いやいや。私は麻雀なんて一度もやった事な……あ。もしかして……もしかしてだけど……小さい頃私……ドラえもんのドンジャラやってました！　しかもめっちゃめっちゃやってました！　それ!?　でも本当に昔も昔。下手したら、いや、下手しなくても40年前よ。ああ、〝三つ子の魂百まで〟とはこういう事なのね。よし。ちびっ子たち、聞くがいい。無駄な経験なんてない。そう言う事です。

「おでこ、かまいたちに襲われる」事件なんてのもありました。公演中の土曜の朝。文化放送「ラジオのあさこ」生放送を終え、マイカーで30分。劇場へ。そのラジオの時は何にもなかったんですよ。トイレで鏡も見たし、周りの誰かから何か言われる事もなかった。それが楽屋に入った途端、私の顔を見た後輩が「あさこさん、おでこどうしたんですか？」え？おでこ？　私のおでこが何か？　鏡を見ると眉間のところに謎の3本線。まるで誰かに引っかかれたようにくっきり赤い3本線。え？　私、運転しかしてないけど、まさか……まさかの、かまいたち!?　でもよく見るとひっかき傷というより3本のアザって感じ。どういうこと？　あさこは考えました。そうか。きっとかまいたちは昨晩ツメを切ってしまい、仕方なく指の腹で私のおでこをギューッと押したんだわ。そう、きっとそう。……気づいたら真面目にこんな事考えている48歳、幸せです、やっぱり。

他にも「あまりに毎日セブンの〝揚げ鶏〟を食べていたのでたまには、と〝ななチキ〟を買ってみたけれど、やっぱり私は〝揚げ鶏〟派と再確認」事件や「メーテルのヅラの重さ、エグい」事件。「吉祥寺の稽古場近くに停めた車が花粉でめっちゃ黄色くなったけど、帰りどしゃ降りだったおかげで洗車出来た」事件も。これで、8個。あと1個……ん〜。あ、そうだ。「9個事件書くって言ったのに8個でギブ」事件ってことで。はい、9でカタがつきました。イヒヒ。

こんなすぐ忘れる私ですが、これだけは覚えています。いい公演でした。7月の第三弾もがんばります。

〈今日の乾杯〉「焼き天豆」です。〝天の豆〟でそら豆。なんか〝ジャックと豆の木〟感ありますね。そしてそんなこんなで、もう春です。

旅姿二人衆

3月30日より始まりましたサザンオールスターズのライブツアー。今回は記念すべき40周年であり、更には全国ツアーが2015年以来とちょいとお久しぶり。となるとですよ、その幕開けを絶対に見たい！……って皆さん思うんでしょうね。初日は抽選が外れまして。ううう、残念無念。でも翌31日が当選。「サザンのライブ、行ってみたかった」と言うオアシズ大久保さんと二人で、ツアー開幕の宮城セキスイハイムスーパーアリーナに行ってまいりました。

当日、朝からウキウキが止まらない私は東京駅に1時間前に到着。春休みの日曜日というのもあって大混雑。浮かれポンチあさこは大久保さんにメールを送信。「新幹線でアイスコーヒー飲みますか？　もちろんビールでも！」すると「ビールは仙台で。アイスコーヒーお願いします！」との返信。だよねぇ。東京駅ではいつも地下のパン屋さんでアイスコーヒーを買う私。お店を覗いてみるとまさかのレジが空いている。なら発車のちょっと前に買えばいい。と言うことでお惣菜売り場をウロウロしたり、トイレ行ったり、ポケモンを捕まえたりして時間を潰し、気づけば発車20分前。じゃあそろそろ、とパン屋さんに入ると……しまった。さっき空いていると思っていたレジ。単に人が通れるようにレジ前をあけていただけで、ちょうど死角になっていた横の所に長蛇の列が。ぬかったぜ。はあ、どうしよう。間に合うかなぁ。先ほどまでの余裕のよっちゃんが一転。並んでいるだけなのに頭から汗ダラダラ。そしてなんとか買えたのが7分前。アイスコーヒーをこぼさないように気をつけながら猛ダッシュ。新幹線に飛び乗ると、すでに大久保さんがお席に。初サザンの大久保さん。私みたいに「ヒャッホーッ！」とわかりやすくはしゃぎはしませんが「楽しみだねぇ」と笑顔。そのお顔に私のウキウキも更に増す。

13時、仙台駅に到着。ライブスタートは17時。ちょいと早めに参りましたのは、せっかくのお休み、せっかくのサザンですから。仙台名物の〝牛タンで一杯〟してから参戦しようってぇ腹でごぜぇます。ところがどっこい。どこも超混み混み。店の外まで長蛇の列。携帯片手に駅前の牛タン屋さんを隅から隅まで覗いてみましたがダメ。そりゃそうだ。〝日曜日〟〝春休み〟〝お天気良し〟とくりゃぁ、ねぇ。でもこっちだって大人。「なら焼肉屋さんで牛タン食べよう。」よっ、切り替え上手。と言うわけで今度は焼肉屋さんをチェック。するとまさかの、日曜日定休日だらけ。一軒だけドアが開いているお店を発見したので、すがるような気持ちで駆け込むとこれまたまさかの清掃中。オーマイガッ。

もういったいどれだけ探し回ったでしょうか。牛タンは諦めよう。気がつけば駅からすっかり離れたところで立ち尽くす二人。このもうどこかわからない交差点から見渡すと、開いているお店が2つ。〝北海道イタリアン〟と〝パウンドケーキを売っているお蕎麦屋さん〟。ん〜。イタリア料理は大好物。しかも北海道ってチーズ絶対美味しいでしょ。ただね、せっかく仙台まで来て〝北海道のイタリアン〟はちょっと違うかな、と。お蕎麦屋さんなら仙台の地酒があるはず、と〝パウンドケーキを売っているお蕎麦屋さん〟へ。蕎麦とケーキかぁ、と半信半疑で入ったところ、これがまあ大当たり。まずは瓶ビールと天ぷらを頼むと、お姉さんたちが笑顔で「仙台来てくれてありがとう」と更なる瓶ビール1本と、イカの麹漬けをサービスでくださって。ありがてぇ。お蕎麦もやはりどこかに牛タンの残像があったのか〝鴨南蛮〟〝豚肉ごま蕎麦〟という肉感溢るる2つを注文。美味しくてお酒も進み、宮城の地酒3合もロックでガブガブ。ああ、最高の仙台の幕開け。

しかしそこから再びドタバタ劇スタート。ネット情報で〝会場まで車で30分〟だったのが、道路激混みで結局約1時間半。開演まで1時間切った頃に会場到着。あんなに晴れていたのが一変。冷たい雨。とりあえずずっと我慢していたので、一番空いていると言う会場から一番遠い公衆トイレへずぶ濡れになりながらダッシュ。更にダッシュで戻ってきて今度はグッズ売り場へ。Tシャツやらタオルやらいろいろ購入し、座席に着いたのは開演5分前。もう時間がないので座席で購入したTシャツに女子着替え方式でチェンジ。さあ、時間です。ここまでかなりバタバタでしたが、ライブが始まればそんなのどうでもいい。サザンの歴史40年間をたっぷり浴びる3時間半36曲。「おお！　この曲やるか！」と言うマニアックな選曲も多く、シビれまくり踊りまくり歌いまくり泣きまくり。まだツアーも続くので詳細は控えますが、最後の一曲が本当に本当に大好きな曲でして。ずっと見てきたサザンの40年、そしてその一曲一曲、それぞれのその時に起こったいろんな出来事たち。それがこのラストの曲と共に「そうです、これが走馬灯です」と言わんばかりのスローモーションで頭の中に見えてきて。すでに汗でビショビショになっているタオルでは拭えないほど涙、涙、涙。

そんな大感動の中、私には戦わなければいけない相手が。終電です。この余韻に浸る間もなく、最後の一曲が終わった途端にダッシュ。桑田さんの最後の挨拶を背中で聞きながら、その言葉に答えるように「ありがとう！」「またね！」と叫んで走る〝汗ビショ号泣おばさん〟の姿は異様だったに違いない。それでも会場付近から車での脱出にはかなり時間がかかり、仙台駅に着いたのは発車15分前。再びダッシュでトイレを済ませ、牛タンを買い、無事最終の新幹線に駆け込みました。

ホントにかなりのバタバタ旅にはなりましたが、サザンの音楽をたっぷり全身で浴びまくり、汗と涙と共に体の中の汚れたモノが全部流れたような、素晴らしき一日でした。サザンオールスターズさま、40周年本当におめでとうございます。そしてこれからもよろしくお願いいたします。

〈今日の乾杯〉先日、お食事券を頂戴いたしまして。初の「吉兆」行ってきました。コースの始まりは、うに豆腐、あん肝、たらの芽の天ぷらなどなど。こんなの最初に出されたら、もうあなた。これだけでワイン1本いっちゃいますわ。ああ、豊か。

SWEET DREAMS

私は幸せ者です。前回書きましたサザンオールスターズライブに引き続き、今度は松任谷由実さんの45周年記念でありますTIME MACHINE TOURを観に、横浜アリーナに行ってまいりました。

ライブ当日、これまた朝からソワソワ。昼間、仕事の移動中、車で流す曲はもちろんユーミンオンリー。長いツアーにもかかわらず、セットリストをネットで調べなかった自分を褒めてあげたい。おかげさまで「あの曲歌うかな?」「この曲はどうだ?」とウキウキ倍増。今回は仲のいい番組スタッフさんと参戦。ライブ終わったらその〝興奮〟と新横浜と言う〝土地の魅力〟で絶対に飲みに行く、と踏んだ私は仕事後車を置きに一度自宅へ。荷物は最小限に、とお財布、眼鏡、Suicaだけ小さな鞄に放り込んで足早に駅へ。日曜日の昼間というのもあってか電車は空いていたのですが、こちらはもうそんなわけでウキウキのソワソワですから。座る気分にならず、ドアの所に寄りかかりまして。イヤホンでユーミン聞くわけです。「BLIZZARD」なんかかかっちゃった日にゃあ私の顔、絶対〝ドラマの主人公〟感1２０％の表情。うふふ。

新横浜に到着。市営地下鉄降りて地上に出てきた瞬間、すごい事に気づきました。実は今回おこがましくもご招待いただきまして。ありがてぇ。ですからユーミンさんに差し入れを、と赤ワインを購入。忘れないように玄関の、しかも当日履く靴の前に置いておいたんです。もう一度言いますね、忘れないようにそこに置いたのです。なのになのに。地上に出てきた私、手軽。そうです、忘れたのです。まさかのワインをまたいで出てきたようで。でもそんな事あります？　だってワインなんてそこそこ高さもあるのに。またいだだけでも信じられませんが、最悪またいだとしても、その不自然な膝の動きで気づきそうなもんじゃないですか？　なのに気づかなかったなんて何故？　まさか中高時代に私、陸上同好会でハードルをやっていたから？　だとしたらその30年前の経験が憎い。

でももう取りに帰る時間はない。気持ちを切り替え、これから始まるライブの為の腹ごしらえを。ベローチェのタマゴサンドをアイスコーヒーで流し込み、いざ横浜アリーナへ。着いて最初に向かうはもちろんグッズ売り場。案の定の長蛇の列。ただ長蛇の列っていい事もありまして。要はその時間で買いたいものをゆっくり考えられるんです。列を進みながら売り場の上に貼ってあるグッズ一覧表を見てみ……あれ？　あれれ？　み、見えない。しまった。ここ最近の〝部屋に隠された物をたくさん見つける〟ゲームのやり過ぎで乱視がかなり進んでいるではありませんか。がっくし。結局携帯でグッズの出ているサイトを開く。ああ、便利な時代に感謝。そうこうしているうちに自分の番。考えておいた物を次々に係のお姉さんに伝えていき、最後。「あとロゴTシャツの白のLを。」お姉さん、後ろに見に行って「あ、すいません！　L、売り切れです！」そっかそっか。まあでもこういうのは、男の人も着るわけで。得てしておっきめに作ってますからね。「じゃあMお願いします。」「あ！　すいません！　Mもないです！　もうSだけです！」……S、だけ。いくらおっきめと言ってもさすがに〃あさこのS〃はない。でもどうしてもTシャツが欲しい私。震えながら小さな声で聞きました。「そのTシャツ……伸びますか？」お姉さんは戸惑いながら「えっと、まあ、Tシャツですので、ある程度は……。」困らせてごめんなさい。そんなこんなで、S、買ってみました。緊張のお着替えタイムinトイレ。♪タイトなTシャツにねじ込む〜。頭の中にBoAメロディが流れる。もうはち切れんばかりのパツンパツンですが、なんとかねじ込み、準備完了。

横浜アリーナの関係者席は座席が6席×3列。私はその2列目の端っこの席。ちなみに関係者席ではどのライブでもほとんどの方が座ったままご覧になる。ただ度々このコラムに書いて参りましたがコンサートの時の私、うっかりのハッスルタイプ。なので超勇気を出して後ろの席の女性に話しかけてみました。「あの、私、十中八九立ち上がると思うので、お手数おかけして申し訳ないのですが、よろしかったらお席交換していただけませんか？」最後列に行けば、ご迷惑おかけせずに済む。するとその方は優しく微笑んで「私、このコンサート4回目なので、全然大丈夫です。」「でもホントに私、多分、いえ、絶対立つかと……。」「本当に大丈夫なので、お気になさらず立ってください。」その方がアートディレクターの森本千絵さんと言うのは後に知るのですが、とにかく御礼申し上げてユーミンさんの45年の歴史旅、「TIME MACHINE TOUR」の世界へレッツゴーしました。まだツアーは続いているので詳細は控えさせていただきますが、何なんでしょう。あの細い体から出る信じられないパワー。その膨大なエネルギーと無限のオーラ。それに全身覆われて、もう何の涙かわからない涙が止めどなく流れる。そして私は踊り、「ユーミーン！」と何度も叫び、時に立ち尽くし。まさかのトリプルアンコールまであり、ただただ夢中の2時間半でした。ライブ後、御礼も含め森本さんとお話をさせていただきまして。「私もあさこさんに合わせて踊っちゃった。楽しかった」と。優しい。嬉しい。更に素敵な事をおっしゃっておられました。「このライブはおおきな懐かしい未来で　生きていることに希望がもてる。」本当にそうだなぁ、と。45周年という事は私の約49年の人生のほとんどすべてに、ユーミンさんがいらっしゃったわけで。進んでいく力、またたくさんいただきました。ユーミンさん、45周年本当におめでとうございます。そしてこれからもよろしくお願いいたします。

あ、うっかり忘れたワインは翌日、近所の郵便局からお送りさせていただきました。ご報告まで。

〈今日の乾杯〉〝鳥わさ〟頼んでかなりの〝洋〟なスタイルで出てくるなんて思いもしませんよね？　なんとも言えないこのレア感。わさびたっぷりつけても負けない旨味。幸せの極み。

新元号

変わりましたね、元号。令和。英語で言うとbeautiful harmony（美しい調和）だそう。

昭和生まれの私。昭和の時代の中で育ってきたので平成に変わる18歳の時、漠然と何かに傷ついた。その頃の日記を見ると筆ペンで「激動の昭和」と書き殴っている。そんな大好きな昭和でしたが、よくよく考えると昭和は18年、平成は30年生きたわけで。私の人生、平成の方がだいぶ長い。その分、平成の思い出もたくさん。平成元年に高校卒業。家出をし、一人暮らしを始め、初めて殿方とお付き合いをし、彼の借金を返す為に馬車馬のように働いた。ミュージカルの専門学校に通い、卒業後いろんな舞台に立ちながら、お客さまに笑っていただく喜びを覚える。27歳、専門学校の仲間とコンビを組んでお笑いの世界に飛び込み、6年で解散。ピン芸人に。特に仕事もなく、このまま鳴かず飛ばずで行くんだろうなぁ、といろんな意味で覚悟を決めた40歳ちょぃと前。夏のある日、大きなイベントでウケた事をきっかけに少しずつテレビに出していただくようになり、なんだかんだで今に至る。平成元年には想像もしていなかった今の生活。濃いな、平成。

そんな平成も残すところあと数日なある日、我が劇団・山田ジャパンの座長であります山田能龍氏と呑んでおりまして。その際、とうとう長年付き合っていた彼女とゴールデンウィークに籍を入れよう、と。そしてその婚姻届の証人欄にサインをして欲しいと頼まれます。よく〝日本のおっかさん〟とか〝国民の叔母〟なんて称される方もいらっしゃいますが、私は言うなれば〝日本の独身〟。そんな独身代表みたいな私が証人なんてなんだか申し訳なく。その旨を伝えましたが、長い事二人を見守ってきた私にお願いしたい、と。ではでは僭越ながら書かせていただきますです。はい。

となるとまず婚姻届。能龍さんも忙しく、届を取りに行く暇がないとのこと。携帯で調べてみると、とりあえずA3ならどんな婚姻届でもよいそうで。なら素敵なのがいいじゃない！　とお節介おばさん発動。ネットで調べたイニシャルを入れられるものをチョイスして、二人のイニシャルY&Yを入れる。「YとYなんてワイワイしてていいねぇ！」なんておばさん特有のウィットに富んだ（？）コメントをしながらウチのプリンターでプリントアウト。ただ家庭用のプリンターなのでA4サイズが最大。なのでこれをどこかで倍のA3に拡大コピーして、また改めて持ってきてもらうことになりました。

すぐにスケジュールを確認するとわたくし、なんとうっかり5月1日から異国ロケ。となるとゴールデンウィークまでで空いている時間は異国に旅立つ前日の4月30日のみ。しかもその日は23時まで生放送があるのでそれ以降なら、と申しましたところ能龍さんもOK。そんなわけで元々はスケジュールがそこしかなかったからそこで会う事になったわけですが、くしくも平成のラストをこの素敵な幸せを浴びながら迎える事と相成りました。

4月30日23時、生放送が終了。携帯を見ると能龍さんからメールが。「お疲れー。池尻で皆で飲んでるー。そしてたまたま全員で生放送見てたぞー（笑）」皆？　どうやらいろんな意味でめでたいその瞬間を一緒に過ごそうと、古くからいる劇団員5人全員集まったようで。ウチの近所の飲み屋さんのテレビ画面の中でワーワー言っている私を観ながら飲んでいるとのこと。急いで支度をしてテレビ局を飛び出し、我が家にてみんなと合流したのが23時40分過ぎ。いよいよ平成が終わる直前です。とりあえずみんなのドリンクのオーダーを取りまして、バタバタと台所で準備をば。テレビの方にいる後輩に「令和になる時呼んでね」と叫んだ時の答え。「あと20秒です！」え？　急じゃねぇ？　ちょうどその時、スーパーで買った1kgの氷の袋のジッパーがうまく開かず四苦八苦の真っ最中。ああ！　平成の間に氷の袋を開けたいっ！　5、4、間に合わない。3、2、頑張れ、私。1、0！……パカッ。ギリギリセーフ。間に合った。そして令和、おめでとう。

そんなわけで6人分のドリンクを作って迎えた新時代。「これからもよろしくお願いいたします」とまるでお正月のような挨拶をしながら乾杯。さ、いよいよ本題。婚姻届の登場です。A3に拡大コピーされたY&Yの婚姻届。座長の記念すべき時におのおの携帯で動画を撮ったり、歓喜の声を上げたり、静かに酒をグビリとしたり。でも総じてその神聖な瞬間を前に、無意識に正座をして居住まいを正す。そんな空気の中、証人の欄に丁寧に名前、住所、本籍を書き、印鑑を押す。まだ区役所に持っていったわけではないけれど、二人が正式に夫婦になった瞬間に立ち会えた。そんな気分。

証人書く欄は二つ。「あさこともう一人、山根に頼んだんだ」と能龍さん。ふともう一つの欄を見ると確かにその能龍さんとの仲も長い、私も知っている〝山根〟と言う男の名前が書いてある。うん、名前は書いてあるのよ。ちゃんと。ただね、名前、だけ。名前しか書いていない。住所も本籍も、ない。そんなバナナ。じゃあ婚姻届、提出出来ないじゃん。オーマイガッ。山根氏はどうやら二人の結婚が嬉し過ぎてかベロベロの状態で「よかったなぁ、よかったなぁ」と言いながら書いていたとの事。結局彼もホントに嬉しかったんだろうなぁ。そう思うとこの一枚の紙の上にいろんな愛が溢れている。ああ、素敵。能龍さん、ゆきちゃん。本当におめでとう。末永くお幸せにだよ。

何とも幸せに包まれた、素晴らしき幕開けとなった令和。幸先、いいね。どうかこの令和が平和で豊かな時代になりますように。平成、ありがとう。令和、よろしく。あ、もちろん昭和も、忘れないよ。

〈今日の乾杯〉アジアに行くとだいたい頼むのが青菜炒め。こちらはベトナムでいただいた……空芯菜?らしきヤツ。粗いニンニクや、雑なよそり方が何故だか美味しさをプラスしてくる。こうなるともちろん、現地のビールをガブリ。

あとがき

この度はわたくしの〝ほぼ普通、時々ほんの少しだけゆがんだ〟日々の話に最後までお付き合いいただき、本当にありがとうございました。〝第1巻〟が2017年6月に単行本、2021年6月に文庫本で発売され、多くの方にお読みいただいたようで重ね重ね感謝でございます。

今回はその続き。2017年のお正月から2019年春、元号が〝平成〟から〝令和〟に変わるその時までのお話。この中にも何度も出てまいりますがここ数年、信じられないスピードで消えゆく私の記憶。時々、「昨日の晩ご飯覚えてる？」なんて聞かれる事がありますが、私のレベルはもっと上。〝今日の朝ご飯〟がわからないんですから。あ、もちろん時間をいただけたらわかりますよ、たぶん。歯を磨き消え失せた口の中のどこかに残っているであろう感覚や後味を探しまくり、答えにたどり着くことはできる、はず。ただ、パッとすぐには出てこないのです。

こないだもウチでお茶を飲んでいて。湯呑がほぼ空になったのでお茶、注ぎ足したんです。その数秒後。たった数秒後に注ぎ足した事を忘れ、最後の一口を飲もうと思いっきり湯呑を傾け、あっという間に〝アツアツ〟を〝全浴び〟。持った瞬間の重さや熱さでわかればよかったのに、手から頭への伝達も遅いし、そもそももう注ぎ足した事実は記憶から消えているんですから。ああ、情けねぇ。

そんな私がこうやって月2回、この通称（？）〝ババア吐き出し話〟を書く事で、今後いろんな出来事を思い出せる、いわば私の為の〝記憶ノート〟としての役割を担いだしたこの連載。ただそれを書くべき約2週間分の記憶も〝もちろん〟危ういので〝記憶ノート用ノート〟も必要になってきた今日この頃でございます。

ちなみに私は今、地方ロケを終え、帰りの飛行機の窓から日本の明かりを眺めつつ、あとがきを書いています。世界の平和と健康を本当に本当に心から祈りながら、今日もこの言葉で終わりたいと思います。幸あれ。乾杯！

いとうあさこ

本書は「幻冬舎ｐｌｕｓ」に連載された「あぁ、だから一人はいやなんだ。」（２０１７年１月〜２０１９年５月）をまとめた文庫オリジナルです。
ＪＡＳＲＡＣ 出 ２１０９８９０－１０１

ああ、だから一人《ひとり》はいやなんだ。2

いとうあさこ

令和4年2月10日　初版発行

発行人――石原正康
編集人――高部真人
発行所――株式会社幻冬舎
〒151-0051東京都渋谷区千駄ヶ谷4-9-7
電話　03(5411)6222(営業)
　　　03(5411)6211(編集)
振替00120-8-767643
印刷・製本―株式会社　光邦
装丁者――高橋雅之

検印廃止

幻冬舎文庫

ISBN978-4-344-43161-4　C0195　い-67-2